W9-ATF-213

TRUCOS
DE LIMPIEZA

TRUCOS
DE LIMPIEZA

Olga Roig

Sp/ TX 324 .R65 2005
Roig, Olga.
Trucos de limpieza /

Copyright © EDIMAT LIBROS, S. A.
C/ Primavera, 35
Polígono Industrial El Malvar
28500 Arganda del Rey
MADRID-ESPAÑA

ISBN: 84-9764-525-1
Depósito legal: M-1076-2005

Colección: Trucos
Título: Trucos de limpieza
Autor: Olga Roig
Coordinación de la obra: Servicios Integrales de Comunicación
Olga Roig
Asesores: Luisa Cantarín, Lucía Domingo, Elisenda Gracia,
Ana Ibáñez, Maribel Lopera, Dionisio Trillo
Redacción y documentación: Enigma Producciones, Mónica Quirón,
Óscar Vallet, Anaïs Comayagua

Corrección: F.M. Letras
Concepción gráfica: CKR Diseño

Diseño de cubierta: Alexandre Lourdel
Impreso en: COFÁS

Reservados todos los derechos. El contenido de esta obra está protegido por la Ley, que establece
penas de prisión y/o multas, además de las correspondientes indemnizaciones por daños y perjuicios,
para quienes reprodujeren, plagiaren, distribuyeren o comunicaren públicamente, en todo o en parte,
una obra literaria, artística o científica, o su transformación, interpretación o ejecución artística fija-
da en cualquier tipo de soporte o comunicada a través de cualquier medio, sin la preceptiva autoriza-
ción.

IMPRESO EN ESPAÑA – *PRINTED IN SPAIN*

ÍNDICE

¿POR DÓNDE EMPIEZO?

Ésa es sin lugar a dudas una de las preguntas que muchas personas se hacen cuando, tras abrir la puerta de su casa, descubren un decorado que a veces se parece más a un planeta por colonizar que a un hogar.

Nos pasamos la vida fuera de casa. Una gran mayoría ni siquiera tenemos tiempo de comer en ella y recurrimos al menú del restaurante próximo al trabajo para «aprovechar más el tiempo». Al terminar la jornada laboral comienza una nueva odisea: llegar a casa y entre atascos y demoras de transportes, las más de las veces, o una larga caminata otras, vamos cavilando en lo mucho que hay por hacer... Nos viene a la mente que la nevera no está todo lo llena que sería preciso, lo que equivaldrá a pasar por el supermercado o la tienda de comestibles más cercana para «salir del paso». Mientras pensamos en lo que vamos a comprar, recordamos que será necesario poner la lavadora ¡y todavía tenemos por planchar y guardar lo de la anterior! En resumen, nos falta tiempo.

Llegamos a casa y ansiamos un remanso de paz, pero las cosas no son tan fáciles y, o tenemos una asistenta que nos eche una mano, lo que no es garantía de que no sea necesario que nosotros pongamos las otras dos, o si queremos disfrutar del deseado remanso de paz deberemos fabricarlo. Pero las cosas no se hacen solas y, además, hemos de sacar al perro. ¡Ojalá hoy haya bebido sin esparcir todas esas gotas que luego pisa ensuciando completamente el suelo! Sí, nos hemos aprovisionado de los comestibles mínimos para la supervivencia de esta noche, pero, al disponernos a guardar la compra, vemos con horror que los armarios hace tiempo que piden a gritos una limpieza a fondo.

Quizá sea primavera y nos gustaría disfrutar de un rato de tranquilidad leyendo un libro acompañados por las plantas del balcón. Sin embargo, hasta aquella librería que compramos con puertas de cristal para mejor protección de los libros contra el polvo necesita un buen repaso de los vidrios. Claro que hoy no será el día... antes deberemos sacar el polvo a las sillas del balcón; es más, tendremos también que barrerlo y fregarlo si queremos disfrutarlo de verdad. De nuevo nos invade el desasosiego y el cansancio sólo con pensar en todo lo que tenemos pendiente por hacer, cuando, al mirar las plantas por la ventana, percibimos que el pulgón avanza. No podemos hacerlo todo a la vez. De nuevo falta tiempo.

Al final decidimos que, tras pasear al perro, no leeremos en el balcón, pues nos espera la lavadora y la plancha. Será oportuno recurrir a una buena ducha o, todavía mejor, a un baño relajante con esencias aromáticas y un par de velas. Será el mejor regalo. Claro que también el baño precisa de sus cuidados y ayer destinamos parte de la tarde libre a ponerlo en solfa. ¿Llenarlo de vahos y vapores otra vez? Sí, puede valer la pena, pero ello no nos eximirá de reducir un tiempo el simple placer del agua para después, si queremos seguir con todo en orden, seguir limpiando y dejar las cosas como estaban.

Todo se sigue complicando y cuando ya estamos en el salón de nuestra casa, atendiendo las carantoñas del perro, que por cierto necesitaría un buen cepillado, nos sentamos en el sofá. Encendemos el equipo de música y, mirando alrededor, fijamos la vista en esas cortinas que hace días perdieron su color original; en el espejo que hay frente al bufete en el que alguien marcó sus cinco dedos; en el revistero rebosante de diarios ya viejos e inservibles que sería necesario vaciar...

Y reclinamos la cabeza tomando aire que nos dé fuerza para, una vez desestimado el baño relajante visto el panorama, decidir por dónde empezamos la tarea: si por el paseo del can, cuya correa ataremos en la farola que hay frente a la tienda de ultramarinos, dejándolo allí esperando mientras hacemos la compra; o por la lavadora que podemos poner en marcha antes de irnos o por, ya que estamos, sacar la basura e incorporar en ella todos esos diarios que ya sobran y huelen a papel apergaminado. Soplamos y al fin nos ponemos en marcha. En pie, de nuevo nos preguntamos: ¿por dónde empezar?

Cualquier persona sabe que vivir en una casa limpia y organizada no es ni tan complejo ni tan dramático, ni tampoco tan exageradamente desquiciante. No lo es si somos capaces de no perder los papeles, de mantener las cosas al día, de organizarnos las actividades, de priorizar y, sobre todo, de hacer las cosas.

El tiempo —y no es una máxima de Einstein— es elástico, y somos nosotros quienes en definitiva debemos saber usarlo y aprovecharlo en nuestro propio beneficio. Es cierto que pasamos muchas horas fuera de casa, pero no es menos cierto que otras tantas de las que pasamos en el hogar pueden dedicarse, con método y orden, a las tareas domésticas sin que éstas representen una especie de drama o un problema. A lo largo de las siguientes páginas veremos cómo lograrlo.

Que todo el mundo sabe limpiar es una verdad discutible. Porque una cosa es cambiar el polvo de sitio y otra muy distinta es hacerlo desaparecer. Una cosa es que sepamos remojar el suelo con una fregona unida a un palo y otra bien distinta es que logremos limpiar, desinfectar y dar lustre. «Mi lavadora es perfecta y con sólo apretar un botón puedes olvidarte de ella». Efectivamente, pero lo que no puedes olvidar es separar diferentes tejidos, eliminar previamente algunas manchas, vaciar los bolsillos u organizar las prendas que compondrán la colada para no vernos sorprendidos por «desgracias textiles». «Me encanta comprar. Disfruto y me relajo mirando por entre las estanterías del supermercado». En cambio no te lo pasas tan bien cuando al llegar a casa te das cuenta que parte de lo comprado ya lo tenías, aunque escondido en el fondo de un armario, evidentemente fuera de lugar, que otra parte de la compra no era necesaria y que lo fundamental se ha quedado en la tienda. Pero, claro, de nuevo no has hecho la «tonta lista de la compra».

Este libro no pretende enseñar a nadie lo que «todos sabemos». Es curioso, en cuestiones domésticas, comprobar que «todos» hemos nacido enseñados... Hasta que la plancha carboniza la blusa; el filtro de la lavadora, taponado tras el uso, inunda el lavadero y el espejo del baño más se parece a un estucado veneciano —porque acabamos de darle lustre con un trapo inadecuado y nos han quedado unas relamidas ondas la mar de artísticas— que al utensilio en el que recibir una nítida imagen de nuestro rostro. Pero sí, más o menos, salvo aquellos y aquellas que se reconocen, desprestigiándose ya sin ni siquiera intentarlo como negados para la casa, todos sabemos hacer un poco de todo.

Es cierto que existe «el manitas» que, cual ingeniero de la NASA, hoy repara un grifo en un plis-plas, mañana cambia las conexiones eléctricas y la lámpara del salón vuelve a funcionar, y pasado mañana consigue «con sólo dos toques» que la bisagra del baño deje de chirriar. Pero en «su» NASA no le enseñaron que las reparaciones de fontanería provocan que el agua que cae al suelo, si no se recoge, al ser pisada lo mancha todo. No le dijeron que, además de conectar las lámparas, las bombillas también pueden limpiarse y con ellas los globos que las protegen. Globos que ahora, tras el arreglo, lucen unas nítidas huellas dactilares. Se olvidaron de comentarle también que el «tres en uno», esa «mano de santo» que todo lo arregla, mancha bastante. Y que la grasa no se va simplemente con un trapito, y que el aceite que ahora está en la bisagra, pero también en el pantalón, en el mármol y salpicando el parqué, hay que saber quitarlo.

ORGANIZA TU VIDA, ORGANIZA TU CASA

Ni los niños, ni los transportes, ni el trabajo son una buena excusa para dejar pendientes los asuntos domésticos. No es cierto que no tengamos tiempo, lo que suele ocurrir es que muchas de las ocasiones no somos capaces de entender que el tiempo es como una goma elástica que debemos ir aprendiendo a estirar.

Ciertamente, hay personas que, por mucho que convivan con agendas, calendarios y papeles de anotaciones enganchados en los imanes del frigorífico (a los que de cuando en cuando conviene poner en remojo por aquello de la grasa), no se aclaran.

A su reloj le faltan horas. Y es precisamente la falta de tiempo, o al menos la percepción de que se nos escapa de las manos, lo que produce que dejemos pendientes un montón de cosas, entre ellas la limpieza. Claro que, como veremos más adelante, la mejor forma de no tener que limpiar u ordenar más de lo necesario en el hogar es ensuciar y desordenar todavía menos.

LA OPINIÓN DEL EXPERTO

DEBEMOS EQUILIBRAR EL TIEMPO

«Muchas veces el tiempo se convierte en nuestro peor enemigo, pero todos disponemos más o menos del mismo. Una forma de dominarlo es saber administrarlo tanto para lo que nos gusta hacer, como para divertirnos o salir con las amistades, como para aquello que detestamos y que realizamos de forma más ralentizada, como puede ser poner orden en la cocina, limpiar un baño o enfrentarnos a una limpieza general de la casa. Las personas que saben organizarse bien sus jornadas, sean laborales o domésticas, consiguen al final del día sentirse satisfechas y disponer de tiempo para sí mismas.»

Ana Ibáñez
Gestora de Recursos

CLAVES PARA VIVIR MEJOR

Desde luego que todo el mundo, a su manera, limpia y ordena la casa, pero ello no quiere decir hacerlo a fondo, y para llegar a este punto deberemos tener en cuenta algunas consideraciones:

▸ Airear siempre la casa por la mañana. Puede que entre polvo, pero ventilará las estancias y nos hará tomar conciencia de la necesidad de higienizar.

▸ Revisar siempre el orden de la vivienda, al menos una vez cada dos días. Bastará con efectuar un rápido repaso visual de las cosas que están «por en medio» y dejarlas en su sitio, recogerlas o, si fuera necesario, tirarlas.

▸ Debemos tener un lugar para cada cosa y cada cosa en su lugar. Es mejor crear pequeños lugares «de almacenamiento» que una montaña.

▸ No ver jamás la limpieza y las tareas domésticas como un castigo. Es cierto que son una obligación, pero puede convertirse en más o menos divertida según nuestro estado de ánimo. Si somos capaces de entender que la limpieza del hogar redundará en nuestra calidad de vida, nos costará menos trabajo ponernos manos a la obra.

▸ Debemos programar las tareas de higiene, limpieza y orden doméstico dándoles la misma importancia en el cómputo de tiempo como a un encuentro con amistades o al tiempo que dedicamos a visionar una buena película por televisión.

▸ Tenemos que destinar cada día un tiempo, alrededor de una hora, a las pequeñas cosas de orden y limpieza doméstica.

▸ Debemos evitar la soledad. Salvo que la nuestra sea una familia mononuclear, debemos compartir con el resto de las personas de la casa las tareas del hogar. A veces un pequeño gesto por parte de los niños, como ir a buscar el pan, sacar la basura o pasear al perro, implicará que los mayores dispongamos de más tiempo para otras cosas. Si, además, ya desde pequeños, enseñamos a nuestros hijos, como si de un juego más se tratase, que cuando terminen de jugar deben recoger todos sus juguetes, estaremos creando en ellos una conciencia de orden y limpieza que les servirá para el futuro.

ORGANIZANDO UN PRESENTE CONTINUO

Ser capaces de organizarnos implicará evitar las cosas «para mañana» o «para el fin de semana». Todo cuanto hagamos en la casa y que sea o pueda ser sinónimo de desorden y a la larga de limpieza, deberá enmendarse de inmediato y ésta es una clave imprescindible que debemos inculcar a los hijos. Aunque en el capítulo siguiente mostraremos cómo serían las hipotéticas 24 horas sin ensuciar (y no es un mito, aunque sí una verdad a medias), veamos algunos ejemplos que podemos seguir nada más llegar a casa. Es uno de los momentos en que hay más tendencia a desorganizar, desordenar y ensuciar, para acabar diciendo aquello de «¡cómo está todo!» y después darnos cuenta de que por algún sitio hay que empezar a limpiar.

LLEGANDO A CASA

Si, nada más llegar a casa, lo primero que hacemos es dejar las llaves en cualquier lugar, las cestas de la compra o maletines y bolsos en otro, la correspondencia y publicidad que había en el buzón sobre la mesa de la cocina o la sala y las prendas de abrigo apoyadas sobre una silla, estamos empezando mal. Es pues preciso empezar un ritual de organización de presente continuo.

▸ Dispondremos de un lugar en el que dejar las llaves: pueden colgarse en un llavero portátil o dejarse en una bandeja o armarito del recibidor. Éste será un primer gesto de orden al llegar al domicilio.

▸ Debemos tener también otra bandeja, en este caso de tamaño folio o mayor, en la que colocaremos la correspondencia y todos los papeles de publicidad que hayan llegado a la casa. Haremos lo

EL MITO DE LA LIMPIEZA GENERAL

Cada día organizaremos nuestras actividades domésticas en base a pequeñas micrometas. Evitaremos confundir «limpieza general» con desmontar toda la casa. Puede que la limpieza general sea de armarios, de ordenar estanterías, de arreglos del jardín, de quitar todo el polvo y barrer y fregar toda la casa. Pero debemos ser conscientes de que «todo» al final resultará imposible de llevar a cabo. Efectuar una limpieza general que abarque casi todos los lugares y zonas de la casa sólo será posible si hemos mantenido un buen orden durante la semana.

posible por revisarlo de inmediato o, en su defecto, en los próximos minutos antes de pasar a cualquier otro asunto.

▸ Las prendas de abrigo, bolsos y maletines, así como las mochilas de los niños, son otro «complemento» del desorden. Debemos prohibirnos dejarlo en cualquier sitio. De esta forma, tras dejar las llaves acudiremos a la habitación oportuna para dejar allí todos estos elementos. Con este pequeño gesto, nuestro armario sigue estando ordenado y las prendas de ropa no acaban tiradas sobre el sofá o en una silla. Estamos consiguiendo orden.

▸ Es imprescindible que obliguemos a nuestros hijos a que, cuando llegan a casa, lo primero que tienen que hacer es dejar sus chaquetas, abrigos y mochilas en el lugar de la habitación que tengan destinado para ello. De igual manera, si es lo acostumbrado, deberán cambiarse de calzado.

▸ En el caso de los días de lluvia, si podemos preverlo al salir por la mañana y no queremos ensuciar más de lo necesario el suelo de la casa, dispondremos en el recibidor de unos papeles de periódico. Sobre ellos situaremos el paraguas abierto para que pueda secarse. También sobre los papeles de periódico colocaremos los calzados mojados de la calle, teniendo la previsión de disponer en el mismo recibidor de otros de repuesto. Esta simple medida organizativa nos ahorrará las horribles pisadas mojadas por toda la casa.

▸ Si es el caso y prevemos la visita de alguien o la llegada de los niños o pareja y está lloviendo, dispondremos en el recibidor de unos zapatos de recambio. Situaremos además unos papeles de periódico a lo largo del pasillo y en dirección del salón para que nuestras visitas mojen lo menos posible el suelo.

LOS PRIMEROS MINUTOS

Por lo general, los primeros tres o cinco minutos posteriores a la llegada al hogar son cruciales. De nuestra actitud y del rigor que les impongamos dependerá que al final del día acabemos diciendo «este desorden no puede ser» o que nos sintamos en armonía con el entorno.

Si los primeros minutos no somos capaces de evitar el sofá o un minuto de televisión, estaremos perdiendo la batalla. Por tanto, y en el caso que el cansancio nos pueda, nos sentaremos, pero siempre que hayamos cumplido con los pasos descritos en el apartado anterior y no por más de tres minutos ni para «engancharnos» a la tele.

▸ Cuando acudamos al perchero o armario para colgar las prendas de calle verificaremos que no dejamos en sus bolsillos elementos que podamos necesitar con posterioridad, como el teléfono móvil, tabaco, monederos, etc. Y para todo ello también debe existir un lugar.

ESOS ALMACENES TAN POCO ÚTILES

Los percheros comunitarios, del tipo árbol, que suelen situarse en el recibidor del hogar, y los muebles zapateros pueden ser de gran ayuda o convertirse en un perfecto estorbo.

Poder colgar la ropa de abrigo en el recibidor al llegar es una forma de orden, pero recordemos siempre dos máximas:

1. Jamás debemos permitir que algo que no sea la ropa de uso externo esté en el perchero. No colgaremos en él ni prendas mojadas, ni mochilas, bolsos o maletines.

2. Revisaremos con periodicidad el perchero y evitaremos que se acumulen en él las prendas que no se están usando. Dicho de otro modo, el perchero no es un armario y sólo podemos situar en sus perchas las prendas puntuales de diario. Si al día siguiente cambiamos de abrigo o chaqueta, al colgar la nueva inmediatamente nos llevaremos la del día anterior al armario.

Los aspectos resaltados para el perchero también son aplicables para el mueble zapatero. Lo recomendable para este tipo de mobiliario es disponer de dos modelos: uno grande, que servirá para almacenar todos los zapatos que se usan menos o cuando no es temporada, y otro más pequeño (según los habitantes que haya en la casa), que será el de diario.

Debemos llevar cuidado con el orden de los zapatos y aplicar las mismas reglas que para el perchero; es decir, que en el zapatero de diario sólo esté lo imprescindible y ordenado por estanterías de manera que cada usuario disponga de una para evitar la mezcla de calzado. Por supuesto, jamás, bajo ningún concepto, guardaremos en el zapatero calzado con barro o mojado.

▶ Procederemos a dejar el móvil en el lugar donde siempre estará el cargador conectado a la red eléctrica y, por sistema, lo pondremos a cargar. Con esta simple acción ganamos dos batallas: la clásica de «¿dónde he dejado el móvil?» y la otra de «¡Vaya, no tengo batería!».

▶ Si venimos de comprar, tras cambiarnos la ropa y el calzado, procederemos a sacar de las bolsas los productos que hemos adquirido, guardando de inmediato y en su lugar correspondiente cada cosa.

▶ Si se trata de la compra, dejaremos para el final lo relativo a la nevera y congelador, ya que en este caso usaremos más tiempo para colocar los productos en las bandejas o recipientes necesarios, preparar los paquetes y bolsas de congelado, establecer en ellas las fechas de adquisición, etc. De este apartado nos ocuparemos ampliamente en otro capítulo.

▶ Si la «única ocupación» que tenemos al llegar a casa es guardar y clasificar la correspondencia (vaya ironía tratándose de un hogar), clasificaremos los contenidos, separándolos por publicidad, documentos bancarios y correspondencia privada.

▶ Si la correspondencia es abundante, dejaremos para el final lo relativo a la publicidad y a lo personal.

▶ Debemos centrarnos en los sobres de los bancos, cuyo contenido deberá ser ordenado preferentemente en una carpetilla con clasificadores. Puede parecer una tontería, pero no lo es encontrar cuando y como se debe aquel documento que se precisa.

QUERER PASAR A LA ACCIÓN

Cuando ya hemos disfrutado de unos momentos de ocio y tranquilidad, ha llegado el momento, dentro de la vivencia del pre-

UN GRATIFICANTE MOMENTO DE PAZ

Imaginemos que hemos pasado algunos de los supuestos referidos en los dos puntos anteriores. Hemos sido capaces de mantener el orden de las acciones relativas a nuestra llegada. Es evidente que no todo resulta muy fácil, así que imaginemos lo que supone llegar a casa tras unas vacaciones, con todo lleno de paquetes, bolsas y maletas, y el cansancio del viaje; o lo que puede representar llegar al hogar tras una exhausta tarde de compras. Siempre hay situaciones que pueden ser más complejas que otras, pero la norma antes de regalarnos el momento de paz se basa en estos puntos que citamos a modo de resumen:

1. Llegar ordenadamente al hogar, sin desordenar nada.
2. No perder el tiempo con distracciones secundarias.
3. Concentrarnos en guardar todo lo que viene con nosotros a la casa.

Cuando los tres puntos están cubiertos, es evidente que hay obligaciones que hacer, pero ahora sí merecemos unos minutos de satisfacción personal. Bastará con que sean tres o cuatro. En ese tiempo que servirá para tomar aire antes de proceder a tareas de limpieza (si es que tocan) o para emprender un nuevo cometido, como cualquiera de los cotidianos en la casa, debemos no hacer nada. Ésta es una de las claves del tiempo: que, cuando no hagamos nada, realmente así sea y que lo vivamos con intensidad, sin la sensación ni el pesar de «no estoy haciendo nada y mira que tengo cosas pendientes por resolver».

sente continuo, de pasar a la acción o al menos de ir pensando en ella. Pero lo programaremos de forma tranquila siguiendo unas pautas que nos ayudarán a no perder el tiempo:

1. ¿Qué debo hacer de verdad?

Todos sabemos que debemos hacer un montón de cosas, pero en lugar de estar media hora discutiendo con nosotros mismos sobre lo que podemos o no hacer, debemos centrar la atención en lo que «toca», en lo que es prioritario y no superficial. Puede que nos apetezca reordenar tranquilamente el mueble en el que están los compactos, pero lo que realmente debemos hacer, y es menos gratificante, es sacar los vasos, platos y cubiertos del lavavajillas.

2. ¿Cuáles son las prioridades que debo cumplir antes de la próxima hora?

Esta pregunta quedará bastante respondida si analizamos con atención la cuestión anterior. Sin embargo, especialmente si somos personas dadas a la dispersión o al abandono rápido de las obligaciones, debemos ser conscientes de lo que nos espera, de cuáles son nuestras obligaciones y recordárnoslas en voz alta. De la misma forma, si tenemos hijos, analizaremos qué deben hacer ellos en cuanto lleguen a casa.

3. ¿Qué marca mi agenda de actividades para hoy?

Como veremos en otro apartado, tanto una agenda como una serie de notas en la nevera nos pueden resultar muy útiles para organizar nuestro tiempo y planificar las tareas de limpieza en el hogar. Por tanto, debemos consultar estos elementos cada día.

4. Ya lo tengo todo al día pero, ¿puedo adelantar en otra dirección?

Difícilmente siempre «está todo hecho». Puede que nos dé la sensación de que así es, pero a veces es también la desidia la que nos «engaña» diciéndonos que no hay nada pendiente de hacer. En caso de que sea cierto, procuraremos ver en qué dirección podemos adelantar otras tareas del hogar, por pequeñas que sean.

¿DÓNDE PONGO ESTO?

La frase «un tiempo para cada cosa y cada cosa a su tiempo» puede servirnos para planificar las tareas de limpieza e higiene. Sin embargo, tomando como referencia esta alocución, podemos ir más allá. Sustituyamos palabras y reconstruyamos la frase: «un lugar para cada cosa y cada cosa en su lugar». Ésta puede ser una buena máxima y de hecho deberemos aplicarla casi a diario si queremos que nuestra casa o incluso el que es nuestro lugar de trabajo respire el sosiego y la «higiene mental» que necesitamos.

Como ya sabemos, no sólo se trata de ir limpiando o de ir evitando ensuciar, pues las cosas también pasan por no desordenar. Para ello no tendremos más remedio que comenzar a plantearnos contar con algunos elementos como los que describimos en este capítulo.

Recordemos que en las tiendas de decoración y hogar encontraremos prácticamente todos los elementos; eso sí, debemos comprarlos pensando con la cabeza y no dejándonos llevar por la impronta del diseño.

LA OPINIÓN DEL EXPERTO

LA PRIMERA IMPRESIÓN PUEDE LLEVARNOS AL ERROR

«A veces vemos un elemento de menaje que atrapa nuestra mirada. Su textura, diseño y color nos cautivan, pero deberíamos preguntarnos: ¿Es práctico? ¿Lo usaré? ¿Me resulta funcional? En ocasiones el diseño está ciertamente reñido con la utilidad y aquello que compramos no es más que algo poco práctico. De esta forma, antes de comprar una cubeta para guardar juguetes, veremos de qué materiales está hecha, si su apertura es fácil, en qué lugar de la casa se situará o si disponemos de espacio para ella en la habitación del niño o salón y qué capacidad tiene. Si todas las preguntas sobre el producto nos resultan satisfactorias, entonces, y sólo entonces, debemos mirar si su diseño, además, se ajusta a lo que buscamos. Si lo hacemos al revés, corremos el riesgo de llevar un trasto más a nuestra casa.»

Elisenda Gracia
Interiorista y decoradora

LOS ELEMENTOS QUE NOS AYUDAN

Decíamos en otro apartado que, para una buena limpieza y orden del hogar, hay primero que ponerse manos a la obra y después ponerle fuerza de voluntad y ganas de ni ensuciar más de lo necesario ni desordenar. Pero todo esto es una buena teoría que debemos reforzar con hechos tangibles.

El desorden y la falta de organización crean suciedad, incomodidad, dispersión y al final dificultad para mantener las cosas al día. Oportunamente veremos que, con la ayuda de un calendario del orden y una buena agenda en la que anotar lo que es necesario, las cosas pueden ir mucho mejor.

Pero veamos seguidamente y de forma generalizada algunos elementos fundamentales que debemos tener en el hogar para que todo esté en su sitio y podamos mantener la máxima del orden: a mayor orden menor suciedad y mayor serenidad en una casa.

Al margen de los clásicos armarios, librerías y muebles que hay en toda casa, debemos disponer de los siguientes elementos favorecedores del orden:

a. Armario de limpieza

Se tratará de un espacio en el que guardaremos con orden escrupuloso todo lo necesario para la higiene del hogar. En él dispondremos, clasificados por estanterías o compartimientos, desde las fregonas y escobas o recogedores hasta las bolsas de basura, pasando por los elementos precisos para el fregado del suelo, limpieza de cocinas y baños, muebles, etc.

Lo ideal es dejar en un espacio al margen todo lo relativo a los productos especializados, como quitamanchas, abrillantadores específicos, etcétera. La mejor forma para organizar este armario es clasificando sus estantes por la tipología del producto que se vaya a utilizar.

En el caso de que lavadora y secadora se encuentren en el habitáculo de la cocina, situaremos en este mismo armario todos los detergentes y suavizantes necesarios para la limpieza de las prendas de ropa. En caso contrario, debemos disponer de unas estanterías junto a la lavadora en las que albergar dichos elementos y evitar que acaben, como muchas veces sucede, encima del electrodoméstico, puesto que a veces generan cercos de suciedad.

b. Armario de complementos de la cocina

Si bien podemos destinar un espacio del armario anterior para este menester, lo ideal sería contar con un pequeño armario en el que guardaremos sólo lo relativo a la cocina. En él depositaremos las bolsas de basura de diferentes colores para los cubos clasificadores y de reciclado, las bayetas, estropajos y paños, los guantes, el papel de cocina, los detergentes y sales para el lavavajillas, etc.

Merece destacar en este grupo de productos de higiene y limpieza los siempre prácticos rollos de papel de cocina. Su utilidad no es exclusivamente la de limpiar los restos de comida o líquidos que pueden caer sobre el mármol o la encimera. Nos pueden servir también para abrillantar, limpiar cristales, etc.

c. Armario para elementos de mascotas y jardín

Dependiendo de las necesidades, podemos recurrir a un espacio en el armario general de la limpieza o destinar uno exclusivamente en el que guardar con perfecta clasificación todo lo referente a las mascotas y jardín. En el caso de las mascotas, debemos poder guardar bien separados y clasificados sus productos alimenticios de las medicinas y productos de higiene y limpieza.

Si tenemos jardín o disponemos de un balcón lo suficientemente grande, necesitaremos más útiles. La medida del recinto será la que nos permita disponer de un armario exclusivo para tal fin. Recordemos que los sacos de arena, gravilla, tierra y abono ocuparán un espacio importante y que deben estar separados de los productos embotellados, como insecticidas, fertilizantes, abrillantadores, etc.

Para el jardín necesitaremos unas bolsas de basura de mayor capacidad que para el uso doméstico y las ideales son las de 50 litros. De igual manera, dispondremos en perfecto orden de una zona en la que guardar los guantes y herramientas. Si nuestro jardín es pequeño o se trata de un balcón o terraza de ciertas dimensiones, emplearemos para su higiene una escoba y fregona diferentes a los que usamos en el hogar.

d. Cubos de basura y papeleras

No hay nada peor que una gran bolsa de basura en medio de la cocina, que nunca parece acabar de llenarse y en cambio siempre está desbordada. De la misma forma, nada tan poco higiénico ni tan desordenado como aprovechar las bolsas de plástico del supermercado para clasificar las basuras y acabar teniendo varios recipientes molestando. La basura debe ir en su sitio, es decir, en uno o varios cubos que contendrán sus correspondientes bolsas.

En un hogar debería haber varios recipientes para contener las basuras. Éstos son los más imprescindibles:

▸ Cocina: Podemos usar un cubo de uso general para todo (aunque está reñido con los preceptos de reciclado) o un recipiente que contenga tres clasificadores. Por supuesto, si disponemos de espacio, lo mejor será recurrir a tres contenedores. Recordemos que la clasificación de la basura facilita el reciclado de los productos y reduce la otra suciedad, la medioambiental.

▸ Baño: Es indispensable un pequeño cubo de basura en el que depositar desde las maquinillas de afeitar desechables hasta los envases de los productos de higiene personal, toallitas desmaquilladoras, etc. Recordemos que una forma de no ensuciar el baño es no dejando por encima de las estanterías papeles usados, maquinillas ya gastadas o envases vacíos de jabones, champús, acondicionadores, desodorantes...

▸ Habitaciones: Los niños deben acostumbrarse ya desde pequeños a tener una papelera en su habitación. Debemos acostumbrarlos especialmente a recoger los restos de la goma de borrar (la tendencia es apartarlos de la mesa de un manotazo) o del lápiz al que le han sacado punta y tirarlos a su papelera. La papelera del dormitorio debe ser independiente y contener su propia bolsa de basura, que se tirará con la frecuencia que sea necesaria, evitando que acabe llenando la del cubo general de la casa. Las reglas anteriores son aplicables a la habitación destinada a despacho.

▸ Jardines y terrazas: Dependerá de su extensión, pero deben tener su propia papelera o cubo de dimensiones suficientes como para albergar restos de hojas, hierba, ramitas, etcétera. Si sólo disponemos de algunas plantas en la casa y el balcón, el día que hagamos limpieza recurriremos a una bolsa específica para las hojas.

e. Los clasificadores

Entenderemos como clasificador aquel recipiente o mueble que nos sirve para dejar en él y de forma ordenada diferentes elementos cotidianos que si no estuvieran allí supondrían no sólo desorden sino suciedad.

Los clasificadores nos permitirán, entre otras muchas cosas, evitar que la mesa del salón o que una estantería de la cocina o, lo que es peor, cualquier otro mueble de nuestro hogar acaben siendo portadores de todo tipo de elementos como ropa, papeles, juguetes, discos o libros e incluso medicamentos de los que ya difícilmente haremos uso.

Estos elementos fuera del lugar correspondiente no sólo ensucian y desorganizan un ambiente, sino que provocan extravíos, confusión y la ingrata sensación de «no haber hecho nada» tras una tarde de limpieza. Algunos de los clasificadores recomendables son:

1. Cestos para la ropa

Con dos será más que suficiente. En uno situaremos las prendas de color y en el otro las blancas y delicadas. Lo ideal es que estén, si es factible por cuestiones de espacio, en la misma estancia que la lavadora. En su defecto, debemos situarlos en el baño.

2. Zona de poslavado y plancha

No hay nada peor que sacar la ropa de la secadora o del tendedero y no saber qué hacer con ella hasta el momento de plancharla o guardarla. Nada más nefasto que las prendas acaben reposando en la mesa del comedor y que luego no tengamos tiempo para planchar o doblar y guardar.

Si no somos de ese tipo de personas que tras cada secado procede a doblar, planchar y guardar la ropa en su sitio, lo mejor es disponer de un espacio que no se use para nada más (lo ideal es un armario, en el que situaremos las prendas que más tarde plancharemos). En este caso, las que requieran plancha deberán ser colgadas en perchas; las que no queramos doblar y no importe que se arruguen, como calcetines o trapos, las dejaremos en unos cajones.

Las otras prendas, es decir, aquellas que no requieren plancha pero sí se arrugan, lo aconsejable es destinarles unos minutos a doblarlas y dejarlas ya en su lugar.

Por supuesto, insistimos, debemos tomar como norma que, tras recoger la ropa de la secadora o el tendedero, siempre deberá ser doblada, planchada y guardada. Para evitar excusas de «falta de tiempo» (muchas veces producidas por la desgana) procuraremos preparar y poner las lavadoras teniendo en cuenta que en un momento u otro deberemos planchar y guardar la ropa.

3. El revistero

No deja de ser un clasificador y se convierte en esencial cuando en la casa hay cierta proliferación de adquisiciones en el quiosco o suscripciones a revistas. Ahora bien, cuidado con el diseño del mueble en sí, puede que sea muy bonito pero excesivamente vanguardista como para contener lo necesario y que al final acabe sobre cualquier repisa o mesilla auxiliar.

No debemos confundir el revistero con el lugar en el que guardamos los diarios viejos que luego podemos utilizar ocasionalmente como fondo del cubo de basura (que debemos limpiar siempre al menos tres veces por semana), o para limpiar los cristales o situar en el suelo recién fregado y por el que no tenemos más remedio que pasar ante un imprevisto. Esto mismo es aplicable a las revistas de caducidad semanal o mensual. En estos casos debemos decidir si deseamos conservarlas, para lo que recurriremos a archivadores de plástico o cartón. En caso contrario, si las tiramos, podemos llevar a cabo un reciclado semanal.

4. Archivadores y clasificadores de documentos

Aunque Internet nos está poniendo las cosas cada vez más fáciles y es posible que llegue un momento en que mucha de la documentación que recibimos pase a ser virtual, todo ello todavía queda lejos. A una casa llegan continuamente decenas de papeles. Dejando al margen los puramente publicitarios, tendremos que contemplar los relativos a las cuestiones laborales, médicas, de suministros, escolares, etc.

Lo aconsejable es que dispongamos de un lugar para clasificar y ordenar todos estos documentos. Un buen sistema son las carpetas con separadores, pero con el tiempo dejarán de ser útiles debido al volumen de información que contendrán; así es que lo mejor es disponer de una serie de archivadores en los que tengamos bien clasificados todos los temas.

▸ Uno de los apartados más importantes es el relativo a la salud. Debemos contar con un archivador con clasificación para cada una de las personas de la casa, en el que situaremos toda la información relativa a enfermedades, diagnósticos, pruebas médicas, etcétera.

▸ Es recomendable otro archivador sólo para temas domésticos de suministros y vivienda, en el que ordenadamente incluiremos los recibos de alquiler o hipoteca y comunidad, luz, agua, teléfono, gas, etcétera.

▸ En otro archivador situaremos las pólizas de seguros de asistencia del hogar, vehículo y médicas.

▸ Reservaremos un archivador en exclusiva para la información relativa a lo laboral, como contratos, hojas de salario, pago de autónomos, impresos fiscales, etcétera.

▸ Destinaremos otro archivador a los aspectos escolares de los hijos, como calificaciones, informes académicos, documentación escolar variada, etcétera.

5. Biblioteca multimedia

En ocasiones, pequeños elementos que parecen insignificantes pueden representar un verdadero desorden y acumulación de suciedad. Nos estamos refiriendo a los compactos musicales, los CD-ROM, DVD, vídeos, juegos de consola, etc. La tendencia generalizada es que estos soportes de información cada vez ocupen más espacio en una casa y a veces lo cómodo es sacarlos de su lugar, usarlos y dejarlos junto al equipo reproductor. Esto da como resultado que pueden terminar por acumularse, estropearse, ensuciarse o extraviarse, y generar nuevo desorden.

No se trata de una banalidad la necesidad de disponer de un espacio para lo multimedia. Imaginemos lo que es quitar el polvo y limpiar la mesa de la televisión en la que, además de la tele y el equipo de música o el reproductor de DVD, hay apilados discos, películas o vídeos y algún que otro juego que tenemos que ir apartando y reordenando a cada momento.

En toda casa debe haber un lugar para clasificar con el orden o criterio que el lector desee (alfabético, por autor, género) todo el material multimedia: un espacio sólo para películas, otro para juegos, otro para música, etc.

Por supuesto, aunque por norma general el volumen es menor, este tema es también aplicable a la biblioteca tradicional de toda la vida, que sólo contiene libros. Recordemos una máxima del bibliotecario: «Todo el volumen que abandona la librería, un día debe volver a ocupar su mismo lugar y no otro habilitado al azar.»

6. Botiquín

Las medicinas, especialmente si hay niños en la casa, deben estar a buen recaudo y siempre en lugar seco y sin luz solar. A veces, si seguimos un tratamiento puntual o metódico y diario, dejamos la medicación en lugares que no por ser más cómodos son mejores.

Todos los medicamentos deben estar bien guardados y ordenados en un botiquín cuyas dimensiones deben ser responsabilidad del usuario, que además periódicamente debe vaciarse comprobando las fechas de caducidad de los fármacos que ya no se usan.

7. Cajones guardajuguetes

Se trata de otro de los clásicos elementos que no debería faltar en ninguna casa con niños. Los juguetes, más a ciertas edades, pueden acabar por formar parte de la decoración de la casa y, cómo no, del desorden y la suciedad. Debemos hacer lo posible para que el niño sepa, ya desde la más tierna infancia, que dispone de tantos lugares para el juego como necesite, pero que después deberá, o deberemos con él, recoger sus juguetes.

Uno de los mejores lugares para albergar buena parte de sus juegos es la habitación, y para ello recurriremos a cajas de plástico o cubos en los que introducir las piezas de menor tamaño o con susceptibilidad de perderse.

El otro lugar donde deberíamos disponer de los juguetes de los niños es en el salón, ya que ésta es una de las zonas neurálgicas de la casa en la que ya desde pequeños los niños se van acostumbrando a participar de la sociabilidad familiar.

Si destinamos una zona especial para el juego en el salón procuraremos que esté escrupulosamente limpia y que cerca de ella dispongamos de una serie de estanterías o armarios en los que poder albergar todo tipo de cajas de varios tamaños en las que guardar los diferentes juegos y juguetes.

24 HORAS DE ORGANIZACIÓN Y LIMPIEZA DOMÉSTICA

No existe el milagro de la lámpara de Aladino capaz de permitirnos tener todo impoluto y reluciente, listo para la foto, como si no se hubiese usado nunca. Sin embargo, la actitud que tengamos en nuestra casa en el desarrollo del día a día ayudará mucho a que tengamos que evitar convertir la limpieza en un zafarrancho de combate continuo.

Como veremos seguidamente, con un poco de orden y una serie de tareas diarias, por otra parte muy sencillas aunque sumamente efectivas, nos daremos cuenta que no siempre es necesario realizar grandes esfuerzos de limpieza. En este caso, serán las acciones que desarrollaremos desde que nos levantamos por la mañana, hasta que nos acostamos por la noche, las que nos servirán para evitar lo menos posible y, al tiempo, limpiar o prepararnos para la limpieza.

Ya hemos visto un ejemplo de comportamiento de «presente continuo» en un capítulo anterior a través de la llegada a casa. En este caso, vamos a ver una serie de consejos que siendo también de presente continuo nos enseñarán a aprovechar más el tiempo.

LEVANTARSE CON ORDEN

El momento de salir de la cama se convierte en uno de los más agitados en toda vivienda en la que vive más de una persona; por eso debemos procurar que todos sus habitantes sigan normas como éstas que, por supuesto, también deberán ser contempladas por quienes viven solos:

▸ Nada más salir de la cama, dejar ésta bien abierta para que se ventile y, al tiempo, abrir la ventana de la habitación.

▸ Si somos lectores o usuarios de televisión o radio, verificaremos que dejamos los libros bien apilados en su lugar correspondiente, que el aparato de radio está perfectamente colocado y que los cojines usados adicionalmente para leer o ver televisión están de nuevo en su sitio. Por supuesto, si los cojines suelen situarse sobre la cama, nos ocuparemos de ellos cuando la hagamos.

▸ Usaremos siempre las zapatillas para ir al baño, evitando ir descalzos.

LLEGANDO AL BAÑO

El cuarto de baño, como lugar de higiene, debe estar perfectamente cuidado para cada nuevo uso. No puede estar desordenado ni causar desarmonía a la vista. Recordemos que es un lugar de limpieza, que es prácticamente lo primero que vemos al levantarnos y que hay visiones que nos pondrán de mal humor para el resto del día.

▸ Cuando llega el momento de la ducha, acudiremos al baño con las prendas de ropa que vamos a ponernos. Si lo deseamos y no lo hacemos por la noche, acudiremos al baño con las prendas usadas el día anterior, que deberemos depositar en el cesto correspondiente de ropa sucia.

▸ Observaremos escrupulosidad al usar el inodoro, levantando cuando sea necesario las dos tapas. Justo antes de tirar de la cadena de la cisterna de agua, observaremos si alguna tapa se ha mojado de forma accidental, en cuyo caso procederemos a efectuar el secado correspondiente con papel higiénico y una pequeña solución desinfectante de un producto que deberá estar siempre a mano.

▸ Observaremos también escrupulosidad haciendo uso de la escobilla del váter cuando sea necesario. Recordemos que dicha escobilla descansará en un recipiente que debe tener una solución acuosa y detergente.

▸ A veces el papel higiénico se termina y las prisas provocan que no cambiemos el rollo a tiempo o que dejemos su interior de cartón en cualquier sitio. Debemos evitar esta situación y tirarlo siempre en el cubo que tenemos habilitado para ello luego de haber sustituido el viejo rollo.

ASEO ANTE EL ESPEJO

Los espejos, que siempre deben estar bien limpios, resultan bastante fáciles de limpiar si se ensucian poco, y para ello es preciso evitar las salpicaduras que muchas veces provoca el agua cuando la aplicamos en la cara, cuando nos afeitamos o incluso cuando nos lavamos los dientes o nos maquillamos.

Lo recomendable, en la mayoría de las acciones frente al espejo, es inclinar ligeramente la cabeza en dirección al lavabo y de esta manera no lo ensuciaremos. Otros consejos a seguir son:

▸ Al cepillarnos los dientes, debemos hacerlo con la boca ligeramente cerrada e inclinados hacia el lavabo. Cuando terminemos, limpiaremos y secaremos al máximo tanto el cepillo como el vaso, evitando de esta manera que produzca los indeseables cercos en la estantería en la que están situados.

▸ Cuando terminemos de cepillarnos los dientes verificaremos que no hay restos de pasta dentífrica en el lavabo, en cuyo caso la retiraremos con un poco de agua.

▸ Al afeitarnos debemos procurar mantener el máximo de orden y limpieza con todo lo que nos rodea, procurando que no caigan restos de espuma al suelo ni fuera del lavabo. Al finalizar el afeitado procederemos a eliminar cualquier resto que «delate» la acción con un poco de agua.

▸ Si somos usuarios de maquinilla eléctrica, es muy posible que los pelos «salten» a medida que son cortados. Llevaremos una especial precaución por pasar agua en el lavabo para evitar que lo ensucien y queden como una «reliquia permanente».

▸ Al embellecernos frente al espejo debemos procurar siempre hacerlo teniendo cerca unas toallitas o papeles impregnados de soluciones limpiadoras, ya que muchas veces no podremos evitar que restos del producto utilizado caigan en las inmediaciones de donde realizamos la acción y deberemos limpiarlo todo al finalizar.

UNA GRATIFICANTE DUCHA

Que sea gratificante o no puede depender de la escrupulosidad y buen uso que haga quien pase por ella. Dejar el cuarto de baño con más niebla que la mítica capital británica, o con las paredes llenas de humedad, no es nada comparado con encontrarse en la bañera o ducha, o en sus inmediaciones, todos los recipientes abiertos y descolocados, con los tapones desperdigados por el suelo. Y lo que es peor, todos perdemos pelo, pero es un «regalo» que, cuando resulta ajeno, a nadie le gusta encontrarse. Por no

LA OPINIÓN DEL EXPERTO

EL BAÑO DEBE SER UN TEMPLO

«Para los seguidores del Feng-Shui, una disciplina oriental que persigue la obtención de la armonía en el hogar, el cuarto de baño es la zona de purificación, por lo que se requiere que siempre esté limpia y ordenada.

Para conseguir la armonía, además de la limpieza debemos procurar que el recinto esté siempre bien ventilado, siendo lo aconsejable que haya una ventana ligeramente abierta de forma permanente. Los inodoros deberán tener siempre la tapa bajada y tanto la ducha o bañera como el lavamanos y el bidé deben tener el desagüe cubierto con un tapón.

Otro aspecto que perturba la armonía en el baño es el olor. En la medida de lo posible debemos dotarlo de unas plantas que le darán viveza y serenidad, además de sensación de frescura. Paralelamente usaremos ambientadores suaves y frescos para crear una sensación de armonía.

Debemos desestimar en el baño el uso de libros, revistas y otros entretenimientos y, desde luego, si hacemos uso de ellos, no deben estar a la vista, sino perfectamente guardados en un armario destinado a tal fin.»

Gerardo Salinas
Monitor de Feng-Shui

hablar de esas toallas que cubren el suelo porque han sido dejadas allí de cualquier forma, puesto que «ya se secarán». Veamos algunos procedimientos que evitarán la desgracia de una ducha poco gratificante:

▸ Si abrimos ligeramente las ventanas del baño, lograremos que el vapor no quede impregnado en las paredes o espejos. De igual forma, estas ventanas deberán estar totalmente abiertas cuando finalicemos el aseo.

▸ Utilizaremos siempre una alfombra de baño para evitar mojar el suelo al salir de la ducha, y no una toalla.

▸ Mantendremos colocados los recipientes de higiene siempre en el mismo sitio, procurando que mantengan un idéntico orden cada vez. Tras usarlos, siempre los taparemos bien.

▸ Evitaremos tener recipientes vacíos en la repisa de la bañera o ducha. Un truco que nos vendrá muy bien para no tener que recurrir siempre a una multitud de envases será instalar en una de las paredes de la ducha o bañera un multidosificador. Además de limpio es muy práctico y favorece la economización del producto.

▸ Cuando hayamos terminado de ducharnos observaremos que no queden restos de jabón en las paredes ni tampoco otros restos indeseables en el suelo de la ducha, como cabellos. De ser así, los recogeremos y, tras envolverlos en un papel higiénico, podemos tirarlos al inodoro o en su defecto depositarlos en la papelera o cubo de basura del baño.

▸ Al finalizar la ducha o baño debemos secarnos. Tanto si recurrimos al albornoz como a una toalla, bajo ningún concepto debe quedar en el suelo ni colgado en una posición que difícilmente pueda ser secado.

▸ Una perfecta norma de higiene es que, una vez haya pasado la última persona de la familia por el baño, efectuemos un fregado de su suelo y dejemos todas las ventanas abiertas, pues ello nos ayudará a purificar la estancia de forma notable.

PREPARANDO EL DESAYUNO

Llega otro de los momentos en que es indispensable que todo esté perfecto, pues en buena medida ello dependerá de cómo hayamos cumplido nuestras obligaciones para con la cocina al llegar a la noche, es decir, tras realizar la cena (ver algunos consejos al respecto en este mismo capítulo). Desayunar puede convertirse en un acto social a compartir con el resto de los miembros de la familia si en él todos colaboran, pero sobre todo si la cocina está perfecta y lista para ser usada.

Por supuesto, si cuando llegamos a casa a la hora de comer o cuando lo hagamos en el momento de la cena no deseamos encontrarnos un «campo de batalla», deberemos esforzarnos un poco tras el desayuno.

▸ Si hemos puesto el lavavajillas, como se indica en el apartado relativo a la cena, deberemos retirar de él los platos, vasos, etcétera, y colocarlos en sus lugares correspondientes.

▸ Una vez preparado el café, debemos dejar el depósito vacío y pasado por agua o, en su defecto y según sea el caso, con un poco de agua y una gotita de jabón para vajillas.

▸ Debemos revisar o pasar un paño por los utensilios que hemos utilizado, dejándolos bien limpios para su nuevo uso. No olvidaremos ni la tostadora del pan ni el microondas o los fogones.

▸ Tras recoger la mesa, si tenemos lavavajillas, introduciremos en él los cubiertos y platos de desayuno. En caso contrario, no costará mucho esfuerzo «perder» cinco minutos fregándolos. La recompensa acontecerá cuando al regresar de nuevo a la cocina todo estará en perfecto orden y listo para ser usado de nuevo.

▸ Si no ponemos el lavavajillas por la noche, y preferimos esperar al desayuno para que esté lleno, aprovecharemos la circunstancia para dejarlo en marcha mientras estamos ausentes por la mañana.

▸ Procuraremos limpiar bien la mesa de la cocina, siendo más que suficiente que pasemos un paño humedecido por ella, ya que lo pasaremos con una gotita de jabón tras las comidas y cenas.

▸ Al finalizar el desayuno debemos barrer toda la cocina. Salvo excepciones por cuestiones de tamaño, será una actividad en la que perderemos muy poco tiempo y que nos permitirá mantener siempre a punto nuestro suelo.

DEJANDO UNA HABITACIÓN PERFECTA

Una vez lleguemos a estas alturas de la actividad matutina, es imprescindible que antes de salir de casa volvamos a nuestro dormitorio o al de nuestro hijos más pequeños (a partir de los seis años podemos enseñarles a que nos ayuden y desde los diez ya actuarán por sí mismos) para hacer la cama y efectuar una última recogida de todo cuanto pueda estar por en medio.

UNA PRIMERA REVISIÓN DEL DÍA

Es aconsejable que aprovechemos el momento del desayuno para revisar aquellas notas que hacen alusión a las compras que debemos efectuar a lo largo del día, o que aprovechemos la circunstancia para confeccionar otras nuevas al respecto de las tareas que será preciso hacer cuando volvamos al hogar.

Aprovecharemos este tiempo para revisar la agenda sobre las actividades familiares que tenemos previstas; de esta forma podremos organizar mejor nuestro tiempo general.

‣ Recordemos que tanto las sábanas como las fundas nórdicas deberán cambiarse y lavarse al menos una vez a la semana, en cuyo caso, además de hacer la cama con las limpias, deberemos poner en el cesto de lavado las sucias.

‣ La habitación ya ha sido ventilada, por tanto podremos cerrar la ventana evitando de esta forma que durante todo el día entre más polvo del que sería deseable.

‣ Revisaremos que no haya quedado ninguna prenda de ropa ni pijama fuera de su lugar. Observaremos también que no permanezca (si es costumbre beber durante la noche) ningún vaso de agua en la mesilla. En definitiva, dejaremos la habitación a punto de ser «estrenada».

ÚLTIMOS RETOQUES ANTES DE SALIR

Debemos irnos a trabajar o, si somos los responsables del trabajo en el hogar, tendremos que empezar con las otras actividades cotidianas. Tanto en uno como en otro caso, lo importante es que tengamos la sensación de que todo está perfecto y recogido. Es curioso, pero muchas personas abandonan su casa por la mañana como si fuera un campo de batalla. Otras, más ordenadas, suelen dejarla más arreglada, pero ambas se ponen nerviosas cuando recuerdan que tras llegar del trabajo vendrán con una visita y «la casa no está perfecta».

Si hemos llevado a cabo los pasos descritos con anterioridad, mantenemos, además, una buena higiene del hogar y efectuamos un repaso de última hora antes de salir, nada deberá preocuparnos entonces. Es más, recordemos siempre que la casa no debe estar limpia y ordenada para los demás, ni para quienes están de paso, sino para sus habitantes. En el último repaso verificaremos:

▸ Perfecto orden y limpieza en cada uno de los dormitorios , que deberán quedar con las ventanas cerradas, las puertas abiertas y las camas hechas.

▸ Cuidada limpieza en baños y aseos con las tapaderas de los inodcros bajadas, ventanas ligeramente abiertas para que la ventilación sea continua y puertas perfectamente cerradas. Además, debe estar todo limpio, recogido y seco.

▸ Estricto orden en el salón. Nos habremos ocupado de él por la noche, pero por la mañana, sobre todo si hay niños, puede desorganizarse un poco. En dicha sala no deben quedar revistas fuera de lugar, mandos a distancia alejados de su posición correcta, juguetes, prendas de ropa, etc.

▸ Limpieza y organización en la cocina. La mesa debe estar recogida y limpia, las ventanas ligeramente entornadas para que siga ventilándose durante todo el día.

▸ Correcta presencia del recibidor (recordemos que es lo primero que vemos cuando llegamos a casa). Si todo lo anterior está perfecto, podremos salir de casa con la seguridad de que hemos hecho un buen trabajo.

LA VUELTA AL MEDIODÍA

Las horas pasan y, en caso de que nos ocupemos de las tareas del hogar (cuya organización y ejecución abordaremos en otros apartados), al llegar al mediodía se supone que seguimos manteniendo la casa perfecta, pero llega el momento de una nueva «batalla».

Si tenemos niños y no comen en la escuela, la actividad comenzará a eso de las doce del mediodía. Si no hay niños, la cosa será algo más fácil, ya que nos limitaremos a la cuestión gastronómica y poco más. Veamos los puntos a considerar:

▸ Al llegar a casa mantendremos los puntos ya descritos en otro apartado sobre el orden. No estaría de más que aprovechemos este instante para abrir las ventanas del salón y permitir así que se ventile la estancia durante un largo rato.

▸ Antes de preparar la comida, si hemos dejado el lavavajillas en marcha por la mañana, debemos recoger todos los elementos que ya han sido lavados y guardarlos en sus lugares correspondientes. Recordemos la máxima «recoger antes de ensuciar».

▸ Al preparar la comida (cuyo menú e ingredientes se supone que ya tenemos programados), comenzaremos por organizarnos cogiendo aquellos recipientes y utensilios que se ajusten a lo que necesitaremos. Muchas personas tienen la mala costumbre de hervir la pasta en el primer recipiente que cogen del armario y a veces resulta excesivamente grande o muy pequeño para su contenido. El problema aparece cuando la olla está llena y nos damos cuenta que debemos vaciarla y ensuciar otra para el cometido previsto.

▸ Cocinar sin ensuciar más de la cuenta, ésta es una clave importante. A medida que vamos confeccionando los platos debemos ir lavando los que usemos o guardarlos en el lavavajillas.

▸ Mientras la comida está en marcha, aprovecharemos para poner la mesa, pero también para darle un repaso general al recibidor y al pasillo de la casa. De esta manera, en poco tiempo podremos barrerlo y fregarlo. De nuevo, casi sin darnos cuenta, hemos adelantado en lo que a limpieza e higiene se refiere.

▸ La sobremesa es mala aliada de la limpieza y el orden. Si después de comer empleamos más tiempo de lo necesario en recoger la mesa y lavar los platos, llegará un momento en que la pereza nos dirá «déjalos para la tarde». Debemos evitar esta circunstancia y es mejor terminar de comer, recoger, lavar y después sentarse diez minutos a disfrutar tranquilamente de un buen café o infusión.

▸ Tras finalizar el ágape debemos dejar la cocina limpia y perfecta para ser usada por la noche, sin olvidarnos de las encimeras y mármoles, así como el microondas u horno.

▸ Tras comer, salvo que se haya producido algún imprevisto, bastará con barrer el suelo del recinto, no siendo necesario que volvamos a fregarlo.

▸ Al abandonar la casa por la tarde debemos dejar la ventana del salón cerrada y la estancia tal como la hemos encontrado por la mañana. La mesa del comedor deberá estar en perfecto orden y lista para ser usada en la cena de la noche.

▸ Es aconsejable, ya que hemos producido olores en la casa, que aprovechemos la tarde para crear un buen ambiente. Para ello tras comer, antes de salir de nuevo de casa, podemos encender unos conos de incienso aromático, conectar los ambientadores o usar un poco de ambientador general del hogar. De esta forma cuando volvamos por la tarde todo estará mucho más fresco y agradable.

AL LLEGAR POR LA TARDE

Veremos en el capítulo correspondiente algunos de los pasos a seguir cuando llegamos a casa por la tarde. Si no hemos acudido a la vivienda al mediodía, aprovecharemos para ventilar el salón por unos minutos y, si lo deseamos, usar después unos ambientadores.

Si tenemos niños, durante la tarde deberemos ocuparnos de ellos: de su merienda, deberes, juegos, etcétera. Si son muy pequeños, deberemos proceder al baño. En sí, son todas éstas un buen número

LA OPINIÓN DEL EXPERTO

NIÑOS AL MEDIODÍA

«La llegada de nuestros hijos al hogar implicará juegos, televisión, uso del baño, comida, etc. En primer lugar debemos estar por ellos y ocuparnos no sólo de su divertimiento, educación y alimentación, pues también deberemos reservar un espacio de tiempo para que, ya desde pequeños, se acostumbren a ayudarnos a recoger todo lo que usen y a dejar tal como estaban tanto la cocina como el baño o la sala.

Una de las tareas formativas interesantes, y a la que debemos iniciarles a modo de juego, es la colaboración a la hora de poner y recoger la mesa y, según la edad, también en el lavado de platos.

Los pequeños (antes de que lleguen a la compleja edad de la adolescencia) deben darse cuenta que su casa no es un hotel y que los padres no somos los perfectos sirvientes a su entera disposición. Deben ver que el hogar y sus tareas implican tiempo para la familia y que entre todos las cosas se hacen mejor, más deprisa y de forma menos tediosa.»

Maribel Lopera
Psicóloga infantil

de actividades que implicarán estar pendientes siempre de mantener el orden.

▸ Debemos acostumbrar al niño a que cuando llegue a casa por la tarde se coma la merienda y juegue por lo menos un buen rato antes de proceder a hacer los deberes. Eso sí, pactaremos para después que recogerá sus juguetes y hará los deberes siempre en un mismo lugar y con la televisión apagada.

▸ Cuando finalice los deberes enseñaremos al niño a recoger todas sus cosas y a limpiar la mesa donde ha trabajado y en la que casi siempre encontraremos restos de la goma de borrar, de papeles o alguna que otra mancha de los lápices de colores o rotuladores (ver apartado destinado a eliminación de manchas).

▸ Cuando llegue la hora del baño de los más pequeños, seremos los adultos los responsables de que todo permanezca limpio y ordenado tras el mismo. Recordemos que aprovecharemos la circunstancia para el cambio de ropa (echándola en el cubo de lavar) y para que el niño ya se ponga el pijama.

▸ Aunque el niño ya se bañe o duche solo, con una cierta supervisión debemos indicarle que no chapotee y que si usa juegos de agua, después debe secarlos en un lugar adecuado antes de guardarlos.

▸ Este tiempo de la tarde previo a la cena, además de todo lo anterior, tengamos o no hijos, deberemos dedicarlo seguramente a efectuar alguna que otra compra, preparar la cena, etc. Pero también debemos destinar un tiempo, por lo menos una hora, a la limpieza general del hogar. Aprovecharemos para poner lavadoras, secadoras, tender o recoger la ropa, planchar, fregar, etc.

Dedicando una hora al día a la limpieza y cuidado de la casa y siendo organizados y limpios durante toda la jornada, las cosas serán mucho más fáciles de lo que podemos suponer en un principio. Lo importante es que antes de la cena hayamos destinado un tiempo a nuestro hogar, a nosotros, a los hijos, y que sepamos que, tras la cena, dispondremos realmente de un buen momento de ocio y tranquilidad, algo necesario para acostarnos relajados.

UN ÚLTIMO EPISODIO

El día está llegando a su fin y es el momento de preparar la cena (para lo que seguiremos los pasos ya descritos en la comida al respecto del orden y la limpieza). Por supuesto, tras la cena la actividad debe ser mínima, puesto que el objetivo es acostarnos de forma relajada.

Tras recoger la mesa y lavar los enseres o colocarlos en el lavavajillas que oportunamente conectaremos, sólo restará por verificar que todo sigue en orden. Quizá nos toque tender alguna lavadora o recoger ropa tendida o ya secada. Pero si los horarios de programación son los adecuados, el trabajo será mínimo.

Eso sí, es importante que antes de acostarnos dejemos el salón recogido y ordenado, que seleccionemos la ropa que nos pondremos al día siguiente, que pongamos la usada durante el día de hoy en el cesto de lavar y que al acostarnos tengamos la conciencia de que hemos realizado un buen trabajo.

Sin duda, las personas que realizan metódicamente los puntos referidos en este capítulo no suelen tener la necesidad de acordarse de la organización y limpieza que hay en su vida, pero si somos «nuevos en la plaza» veremos que resulta de gran utilidad, al menos al principio, tener en cuenta esas afirmaciones de positividad.

ORDEN, UTENSILIOS Y MATERIALES

Ha llegado el momento de la verdad. Hemos ordenado, colocado y procurado no ensuciar, pero no podemos eludir que llegue el momento de limpiar. Pero para llevar a cabo esta labor que sin duda agradará a muy pocos, debemos tener en cuenta ciertas consideraciones. Para empezar, tenemos que ser conscientes de que la limpieza no es una improvisación. Uno no se levanta por la mañana o llega a casa y dice «voy a hacer limpieza general» y acto seguido comienza sin orden ni concierto a ensuciar más que otra cosa.

Una buena programación de la limpieza será la que garantice, en primer lugar, que nos dediquemos a ello cuando es realmente necesario, que no limpiemos dos veces la misma cosa y que realicemos el esfuerzo que es necesario en cada lugar. Para ello, tanto la agenda de la limpieza como la correcta administración y uso de los productos de higiene serán puntos vitales.

Ni todos los trapos o gamuzas nos sirven, ni tampoco el alcohol de quemar o un poco de amoniaco lo limpia todo con gran desinfección. Otro aspecto a destacar es que debemos llevar cuidado con ciertos productos, ya que pueden ser abrasivos o extremadamente tóxicos.

Afortunadamente, la gran mayoría de los productos de limpieza que podemos encontrar en la droguería o el supermercado poseen un etiquetado claro y conciso que nos informa no sólo de la composición, sino que también nos da consejos sobre el uso más adecuado de cada producto y nos advierte sobre los pasos a seguir en caso de intoxicación. Sin embargo, insistimos en que no debemos improvisar y que será la información y la buena organización las que nos permitirán llevar a cabo un trabajo adecuado.

LA UTILIDAD DE UN CALENDARIO O AGENDA

En apartados anteriores ya hemos visto que si nos ocupamos de no ensuciar y tampoco desorganizar, tendremos muchas posibilidades de no tener que dedicar excesivos esfuerzos a limpiar. Pese a todo, cuando llega el momento de la verdad, hay que ponerse a ello.

1. Cada día un poco

Cómo decíamos, es preciso evitar un excesivo desgaste de una sola vez. Debemos tener muy claro que cada día destinaremos un tiempo (cada uno dentro de sus posibilidades) a la limpieza del hogar. Este tiempo deberá ser inexcusable, a ser posible siempre a la misma hora, y para él debemos estar perfectamente preparados.

2. Contar con lo necesario

No hay mejor excusa que tener la intención de ponerse a limpiar el baño y, como por arte de magia, darnos cuenta que no tenemos los productos necesarios para ello. «Ya lo haré mañana» no debe ser un eslogan que utilizar como excusa, entre otras cosas, porque en ese «mañana» tendremos en la lista otras cosas más que hacer. Aquello que hemos decidido poner en práctica hoy y que está escrito en la agenda o en un tablón de ocupaciones, sólo puede ser cambiado de lugar y de orden por causas de fuerza mayor.

Para evitar problemas como el anterior, debemos tener muy claro qué tipo de producto usaremos y, por tanto, antes nos habremos ocupado de anotarlo en la lista de la compra y, por supuesto, de comprarlo. El uso de la agenda nos servirá para tener anotado en ella todo lo que necesitamos para la limpieza.

Contar con lo necesario también es contar con ayuda. Las labores del hogar entre dos o con ayuda siempre son más llevaderas. Para ello es aconsejable que las personas que van a colaborar no «ayuden» sino que «hagan». Lo ideal es distribuir el trabajo en equipo y saber con anticipación por dónde se empezará y terminará.

3. Notas y tablones

Nos costará muy poco trabajo tener un bloc de notas enganchado en la nevera con la ayuda de un imán. En él escribiremos aquellas cosas que sabemos que serán de utilidad a la hora de comenzar a limpiar.

En el mencionado bloc también pondremos el día que debemos realizar la tarea, los elementos que debemos comprar, etc.

Si no disponemos de un bloc, podemos usar también un corcho a modo de tablón de notas. Lo importante es que lo tengamos bien a la vista y no sea posible eludir realizar las tareas. Por supuesto, lo que anotamos en la agenda o en el bloc debe ser factible de llevar a cabo. Por ello, cuando nos asignemos las tareas, deberemos hacerlo con cierta objetividad y realismo.

ALGUNAS CLAVES ADICIONALES

Limpiar no es una fiesta, pero nada impide que nos lo tomemos con buen humor. Lo aconsejable es un poco de música. Una bella sintonía (un poco animada y con ritmo) siempre será de gran ayuda para incentivar nuestros deseos de acción. Eso sí, para la mayoría de los casos desecharemos el uso de la televisión, ya que nos hará perder la atención sobre lo que estamos haciendo y tendremos unas terribles tentaciones de sentarnos en el sofá. Veamos otros consejos interesantes:

▶ La limpieza precisa de vitalidad y energía. Siempre será mejor descansar unos minutos antes de ponernos manos a la obra. Debemos estar vitales para enfrentarnos a algo que seguramente no nos gustará hacer.

▶ Una forma de lograr vitalidad, además de efectividad, será mediante la luz. No hay nada peor que limpiar con poca luz, ya que desmotiva y nos impide ver con claridad qué estamos haciendo.

▶ Debemos preparar todo lo necesario justo antes de comenzar a limpiar, por lo que es ideal tener una lista de elementos y productos, evitando de esta forma viajes inútiles.

▶ Comenzaremos siempre por las superficies más altas. Si queremos hacer una habitación a fondo, lo ideal es comenzar por el techo, luego pasar a las lámparas, para acto seguido continuar con los muebles, paredes y finalmente los suelos. En el caso de que sólo nos toque ocuparnos del suelo, comenzaremos siempre por la parte más alejada de la puerta de entrada de la habitación y limpiaremos en dirección a ella.

▶ Debemos prestar atención a lo que estamos haciendo y emplear sólo la energía justa. No se trata de convertirnos en

LA OPINIÓN DEL EXPERTO

LA ACTITUD ES LO QUE CUENTA

«Si, pese a tener todos los elementos para la realización del trabajo, no estamos motivados para hacerlo, nos resultará tedioso, aburrido, complejo y se ralentizará. Si no podemos contratar los servicios de limpieza del hogar de una empresa y no tenemos más remedio que ser nosotros quienes nos encarguemos de ello, nuestra actitud será vital.

Una buena programación de las acciones a seguir y la colaboración de nuestra pareja o hijos se convertirán en una gran ayuda, pero por encima de todo debemos motivarnos. Tenemos que ser conscientes de que lo que llamamos obligación en realidad es por nuestro bien, por mejorar la calidad de vida, por lograr tener una casa más aseada e higiénica además de ordenada. Estos aspectos deben motivarnos y deben ser los que tengamos en mente cuando limpiemos la casa, puesto que de lo contrario, si nuestra actitud no es armónica, ni nos concentraremos en el trabajo ni tendremos ganas de seguir haciéndolo.»

Dionisio Trillo
Coordinador de empresa de servicios de higiene para el hogar

mecanizados limpiadores. Debemos saber que no requiere la misma energía limpiar una lámpara de araña que una cubertería de plata o tender la ropa de la lavadora.

▶ Si aplicamos la energía y el esfuerzo adecuado a cada elemento y acción, en primer lugar evitaremos accidentes, en segundo nos cansaremos menos y, por otra parte, al estar más concentrados, estaremos en condiciones de realizar mejor el trabajo.

▸ Debemos procurar no realizar posturas anómalas o forzar el cuerpo. Nuestros movimientos a la hora de limpiar serán normales y adecuados a lo que estamos haciendo. Llevaremos especial cuidado con la inclinación de la espalda y con no forzar más de la cuenta el uso de los brazos.

▸ Hay personas que, a causa de su mala organización, por un lado limpian y por otra parte ensucian. No es necesario realizar una gran exposición de productos, cubos, trapos y cepillos a la vez. Debemos limpiar con orden y por zonas, de esta forma acabaremos antes la labor y nos cansaremos menos.

TODO LO QUE DEBERÍAMOS TENER

Productos de limpieza hay muchos y de todo tipo. Por otra parte, encontramos los llamados productos universales que, como se dice vulgarmente, «sirven para todo».

En honor a la verdad, debemos saber que para todo no serán útiles, aunque sí para una gran mayoría de cosas. No se trata de que montemos un supermercado de limpieza en casa con productos que compramos y luego ni usamos ni sabemos para qué sirven. Siempre hay que buscar un término medio y tener como máxima que aquello que compramos debe usarse.

Veremos seguidamente algunos de los productos que podemos considerar como esenciales, pero antes una advertencia: a veces lo barato sale caro.

Aunque en la actualidad las llamadas «marcas blancas» suelen ser en realidad fabricadas por las mismas empresas que producen los productos tradicionales, no siempre es así. A veces un producto sin marca es relativamente más barato, ya sea por la calidad o por el contenido, pero la gran mayoría de las veces su efectividad es menor.

1. Amoniaco, lo más eficaz contra la grasa

▸ Se trata de uno de los productos que mejores resultados nos dará para desinfectar y limpiar de una forma rápida.

▸ Debemos tener mucho cuidado al usarlo, pues podemos intoxicarnos por inhalación excesiva.

▸ Una de las propiedades del amoniaco es su capacidad para disolver de forma muy rápida la grasa, neutralizando incluso la siempre poderosa lejía.

2. Alcoholes, dos potentes aliados

▸ Debemos diferenciar de entrada el alcohol de 90 grados del clásico de quemar, ese que utilizamos para la barbacoa o la «fondue», teniendo en cuenta que ambos pueden resultar abrasivos en un prolongado contacto con la piel.

▸ El alcohol de 90 será un gran producto para eliminar algunas manchas, como las de bolígrafo e incluso las de rotulador.

▸ Si deseamos limpiar telas con alcohol debemos tener en cuenta que el de 90 grados tiende a deteriorar los tejidos sintéticos.

▸ El alcohol de quemar se puede utilizar para obtener un brillo adicional en superficies de cristal, mosaicos, vidrios, etcétera.

3. Lejía, el poder de un gran blanqueador

▸ En la actualidad, las hay de varios tipos, incluso para prendas de ropa delicadas, y se ha obtenido un producto mucho más espeso que la tradicional lejía, que tiene sus propiedades, pero al tener una consistencia de gel nos evitará las indeseables y molestas manchas producidas por salpicaduras accidentales.

▸ La lejía en general es blanqueadora y nos servirá también para eliminar las manchas de todo tipo de tejidos, aunque en el caso de la seda y la lana debemos llevar mucho cuidado, ya que puede estropearlas.

▸ Podemos utilizar lejía para desinfectar el suelo y en especial el baño o la cocina. Dado su fuerte poder corrosivo, procuraremos utilizarla siempre diluida con agua y al utilizarla recurriremos a unos guantes de protección.

▸ Es muy aconsejable utilizar lejía perfumada, ya que contiene elementos aromáticos que hacen más agradable su uso, pues al olfato la lejía tradicional tiene un punto demasiado fuerte.

▸ Dado que es muy corrosiva, debemos utilizarla con moderación y pensemos que puede eliminar el color prácticamente de cualquier tipo de prenda u objeto, llegando incluso a afectar a los objetos de acero inoxidable.

▸ Si tenemos la costumbre de utilizar lejía en la higiene de las habitaciones, procuraremos hacerlo con las ventanas bien abiertas. Intentaremos también que nadie entre en la estancia al menos hasta unos cinco minutos después de aplicar el producto.

4. Vinagre, un remedio muy casero

▸ Diluido con agua puede ser un gran remedio para limpiar los fogones de la cocina. De igual forma nos ayudará a limpiar herrumbre en piezas de metal que tienen cierta antigüedad.

▸ El vinagre resulta ideal para eliminar la cal, tanto en los grifos de la cocina como en los sanitarios del baño.

▸ En el caso de las manchas, el vinagre nos ayudará a eliminar las de origen biológico, como las de sangre, excrementos u orina.

5. Ceras en suelos y maderas

▸ Se trata de un producto del que no conviene abusar, pero que aplicado en los lugares adecuados embellecerá de forma notable.

▸ Debemos distinguir varios tipos de ceras. En la actualidad podemos encontrarlas diluidas, en pastillas e incluso mediante vaporizadores. Ahora bien, no debemos confundir las denominadas acrílicas con las tradicionales, pues de hecho las acrílicas se aplicarán en suelos resistentes mediante un paño que esté bien humedecido.

▸ Las ceras tradicionales suelen emplearse para suelos de madera y para todas aquellas superficies que estén decoradas con madera noble. Este tipo de cera es muy fuerte, por lo que debemos ser cautos en su utilización, ya que si aplicamos un exceso de producto la madera no podrá absorberlo y pueden quedar manchas.

6. Los otros productos esenciales

▸ **Limpiador de cristales:**
Como su propio nombre indica, nos servirá para todo tipo de superficie de cristal, como por ejemplo ventanas, espejos, puertas acristaladas, etcétera.

▸ **Limpiador de muebles:**
Son muchos los productos que contienen detergentes y ceras mezclados de una forma óptima para limpiar, desinfectar y dar lustre a la mayoría de los productos. Los limpiadores de muebles sirven para casi todo y podremos utilizarlos tanto para los muebles del dormitorio como para los del salón, despacho, etcétera.

Debido a que hay una gran variedad de productos con este uso, si recurrimos a uno genérico procuraremos que sea de una marca solvente, ya que no todo lo que se nos vende como universal siempre lo es.

▸ **Limpiadores de baños:**

Aunque no suelen ser necesarios si optamos por emplear el amoniaco o la lejía debidamente diluidos, hay de muchos tipos. La gran mayoría de ellos combinan en su composición elementos químicos que, además de la desinfección o la erradicación de la cal, perfuman y crean un ambiente agradable.

▸ **Limpiadores de suelos:**

Debemos tener mucha precaución por el tipo de suelo que hay en nuestra casa, ya que no todos los limpiadores resultarán adecuados; algunos puede que limpien y desinfecten a la perfección, pero después tal vez nos dejarán esas horrorosas y siempre poco gratificantes manchas o producirán huellas en cuanto pisemos.

Recordemos que el limpiador del suelo sólo debe ser para este menester siempre y cuando no estemos hablando de parqué, placas de resina, suelos plastificados, etc. Dentro de este grupo encontramos aquellos productos que por norma general incorporan abrillantadores, lejías...

▸ **Los detergentes de cocina:**

Precisaremos una amplia gama en función de lo que debamos limpiar. Si somos usuarios de lavavajillas necesitaremos, ya sea en polvo, pastilla o granulado, un limpiador general, un abrillantador, sal especial para vajillas y un producto antical. En estos casos lo mejor siempre es ver qué tipo de recomendaciones se incluyen en el manual del aparato.

Para la vajilla, cubertería y utensilios de cocina, precisaremos detergente genérico lavavajillas; para la encimera, fogones, horno y campana extractora, lo recomendable es recurrir a un producto más fuerte y que esté especialmente concebido para eliminar la grasa. En el caso de los hornos encontraremos muchos productos específicos para ello y, aunque muchos tienen una estructura molecular de superficie que los convierte en «autolimpiables», igualmente deberemos darles un repaso de cuando en cuando con un producto específico.

Por último, para el interior del microondas será más que suficiente un vaso con agua y un poco de zumo de limón o vinagre. Procederemos a llevar a ebullición el agua, dejaremos que el vapor se impregne por las paredes y después limpiaremos con un paño bien limpio.

¿QUÉ NECESITO DE VERDAD?

Al mudarse de casa muchas personas caen en la tentación de confeccionarse todo un «ajuar de limpieza» y acaban en un gran centro comercial específico y llenan su carro de la compra hasta los topes, comprando todo tipo de productos, que luego no servirán para nada. Hay que ser más prácticos, pues no por muchos aparatos o productos seremos más efectivos. Eso sí, el ejemplo anterior es aplicable también para quienes no se mudan de casa, es decir, para llevar adelante una limpieza convencional.

Tenemos que efectuar una selección, teniendo como base que necesitaremos lo siguiente:

▸ Cesto de limpieza, que nos servirá para llevar los materiales precisos de un lugar a otro de forma ordenada.

▸ Un delantal, guantes útiles para cuando quitemos el polvo o efectuemos limpieza general del hogar; también unos guantes para fregar los platos (que serán exclusivos para la cocina) y una mascarilla para cuando usemos productos peligrosos o que puedan ser tóxicos por inhalación. Es conveniente disponer también de recambios de todos estos elementos.

▸ Un surtido de paños y trapos, contando entre ellos unos cuantos de algodón. Recordemos que los de algodón son más resistentes, absorben mucho mejor los productos de limpieza y su tacto con la superficie a limpiar nos permite aplicar más vigor a la acción.

▸ Un conjunto de estropajos y esponjas de limpieza, procurando que tengan varios grosores y texturas. También un conjunto de cepillos de varios tamaños, incluyendo entre ellos un cepillo de dientes, que nos puede resultar de gran ayuda para la limpieza de zonas de difícil acceso, como bisagras, junturas de azulejo, etcétera.

▸ Varios rollos de papel de cocina. Ya hemos visto que pueden ser muy útiles. También bolsas de basura de diferentes tamaños, que deberán instalarse en los recipientes correspondientes ya mencionados.

▸ Dos escobas y dos recogedores, ya que utilizaremos uno para el interior de la casa y otro para el balcón o terraza. Recordemos que las que usamos para el exterior de la casa deben guardarse fuera.

▸ Dos fregonas y dos cubos de fregar, preferentemente cuadrados, ya que son más fáciles de guardar y se aprovecha mejor el espacio en el armario.

▸ Un enjuagador de cristales. Se trata de un elemento muy útil formado por un mango, en cuya cabeza tiene una hilera plastificada que nos servirá para eliminar los restos de agua de los cristales. En el caso de que la suciedad sea extrema, este utensilio sólo servirá como herramienta de segundo uso, cuando ya hayamos limpiado a fondo los cristales.

‣ Otros elementos serán aquellos que específicamente utilizaremos para tareas concretas y que se describirán oportunamente cuando sea necesario.

LOS SUELOS, UN MUNDO PARA PISAR

De la misma forma que a veces llegamos a una casa que tiene unos suelos de ensueño, de esos en los que uno aparece reflejado, también es cierto que tras el boato y el deslumbre inicial observamos que no todo está tan reluciente como parece y puede que acabemos por tener la sensación de que el resto de la vivienda está incluso sucia.

Se dice, y no sin falta de razón, que el suelo es el reflejo del estado de la casa. Un suelo descuidado, sucio o con manchas, por el que la escoba o el aspirador pasan de uvas a peras y no digamos ya la fregona, es un claro reflejo de que estamos en una casa en la que se limpia poco o en la que la higiene no es todo lo prioritaria que debería ser.

De la misma forma que los ojos son el reflejo del alma, el suelo y también los cristales se convierten en el reflejo de la esencia del hogar.

No nos engañemos, el suelo es lo que más se ensucia. No basta con tener la precaución de disponer en la puerta de entrada de la vivienda de un felpudo en el que restregar los zapatos antes de entrar. Tampoco es suficiente cambiarnos de inmediato de calzado y sustituir los zapatos de la calle por unas cómodas zapatillas para estar por casa. La suciedad del suelo puede estar por todas partes; lo que entramos desde la calle, lo que ensuciamos al pisar, lo que se nos cae, etc. Veremos seguidamente de qué manera debemos tratar los suelos para que sean el reflejo de la pulcritud de nuestro hogar.

CUANDO FREGAR ES UN ARTE

No basta con pasar la fregona. Más allá del tipo de suelo que tengamos, en cuyo caso sabremos que no todos se fregarán ni del mismo modo ni tampoco con idénticos productos, debemos saber y poner en práctica el «ABC» de todo buen fregado.

▸ Debemos tener en cuenta que siempre fregaremos una vez que ya hemos barrido o aspirado el polvo.

▸ Hay que ser generosos con los cubos de agua y, salvo que se trate de suelos especiales que requieren poca agua, debemos cambiarla varias veces en el transcurso de la limpieza de toda la casa. Emplearemos al menos un cubo con agua limpia por cada habitación.

▸ Lo ideal siempre será fregar las estancias con las ventanas abiertas, para así facilitar el secado y la renovación del aire interior.

▸ A la hora de fregar no debe haber obstáculos que impidan llegar a todas partes. Debemos retirar alfombras, sillas, mesillas o efectos de decoración, si lo que pretendemos es «fregar a fondo».

▸ La línea a seguir cuando limpiemos el suelo de la casa siempre será en dirección a la puerta de la habitación. Para ello, comenzaremos por la zona de la estancia que esté más alejada de la puerta y nos dirigiremos hacia ella.

▸ A medida que avanzamos por la zona de fregado, iremos recogiendo cuantos elementos pueda ser preciso utilizar después. Esto nos evitará tener que pisar sobre lo mojado.

▸ No volveremos a la estancia para colocar aquellos elementos que hemos apartado hasta que el suelo esté perfectamente seco. Sólo en caso de que sea imprescindible pisaremos lo mojado, en cuyo caso, antes de hacerlo, situaremos sobre la superficie un papel de periódico.

LOS SUELOS MÁS COMUNES Y DUROS

Sin duda, lo común dependerá mucho de la geografía en la que nos encontremos. Pese a ello, hay tres tipos de suelos que, según los expertos en la materia, es decir, los responsables de las empresas productoras e instaladoras, son los que tienen mayor aceptación y gozan de más popularidad. Nos estamos refiriendo a los suelos de gres, cemento y terrazo.

La limpieza del gres puede hacerse mediante el fregado tradicional: agua y detergente; por su parte, el suelo de cemento, muy común en locales y patios, lo aguanta prácticamente todo, hasta agua mezclada con cualquier tipo de solución. En cuanto al terrazo, podemos limpiarlo limpiando siguiendo métodos clásicos de agua y detergentes, pero es recomendable que, de cuando en cuando, le apliquemos agua con lejía.

No basta con limpiar y desinfectar, pues los suelos requieren más que otros elementos de la casa, un cuidado especial y a veces es bueno reforzar sus propiedades siguiendo para ello métodos tan simples como éstos:

▸ En el caso del gres y el cemento, mejoraremos su calidad si lo limpiamos con un trapo ligeramente humedecido con aceite de linaza al menos una vez cada veinte o treinta días. No será necesario frotar.

‣ Para los suelos de terrazo es aconsejable, también una vez al mes, aplicar una solución de cinco litros de agua en la que incorporaremos una solución de vinagre y lejía, diluidos a partes iguales en una taza de café con leche.

Mención a parte, dentro de los llamados suelos duros, son los de piedra. No nos engañemos, no siempre son tan resistentes como puede parecer a simple vista. Su durabilidad dependerá del grosor que tengan, de lo macizos que sean sus bloques y de la separación que haya entre las junturas.

Para limpiarlos bastará con agua y lejía. Eso sí, en función del tipo de piedra que tengamos, debemos observar la porosidad a la hora del fregado y posterior secado, ya que estos suelos pueden dar sorpresas y secarse casi de inmediato, dado su poder de absorción, o presentar continuos restos de humedad.

Hay un dato muy importante con este tipo de suelos que hay que tener en cuenta, y es que el jabón o según qué tipo de detergente no es el mejor aliado, más bien al contrario, ya que nos puede dar auténticos quebraderos de cabeza el eliminarlo de las porosidades y rincones.

‣ Un método ideal para lograr dar lustre a la piedra será, una vez lavada y secada de forma tradicional, realizar un fregado rápido con una solución de un pequeño chorro de gasóleo por cada diez litros de agua.

‣ Otro sistema que la piedra «agradecerá» será enjuagarla con agua en la que habremos diluido, por cada diez litros, el zumo de un limón y una cucharada sopera de bicarbonato. Además, dicho sistema será más agradable olfativamente que el anterior.

LOS BRILLANTES SUELOS DE AZULEJO

Sin duda se trata de un suelo muy bonito a la vez que delicado, de esos que a la menor gotita de agua o líquido que caiga, si no llevamos cuidado y procedemos a su limpieza correcta, quedará una fea mancha.

La ventaja de estos suelos es su gran poder de embellecer el hogar. Sin embargo, a veces ni con el mejor de los detergentes o productos de limpieza somos capaces de sacarles todo el rendimiento que nos pueden dar. ¿El motivo? La forma de limpiarlos.

▸ Una vez hayamos barrido o pasado el aspirador por el suelo debemos utilizar una mezcla de vinagre y alcohol a razón de media tacita de cada elemento por cada cinco litros de agua.

▸ Si deseamos lograr un brillo «de película» en nuestros suelos, debemos añadirle al agua de fregar un chorrito de abrillantador del que se usa habitualmente para el lavavajillas.

▸ Un sistema que nunca falla es no pasar en exceso la fregona por el mismo lugar. A veces un «segundo fregado» lo que hace es estropear el brillo natural que estaba dejando el producto con el que habíamos limpiado inicialmente el suelo.

▸ Siempre que se nos caigan una gotas de agua en el suelo, en lugar de secarlas con un papel de cocina que lo dejará seco pero sin brillo, debemos proceder a pasar la fregona con un poco de agua y abrillantador.

LOS PRÁCTICOS SUELOS DE CERÁMICA

Un suelo de cerámica puede resultar muy agradable si está bien cuidado, si bien para sacarles todo el rendimiento será imprescindible que luego de lavarlos procedamos a un estricto secado.

La limpieza de este tipo de suelos no requiere grandes esfuerzos, ya que bastará con lavarlos con agua tibia y un poquito de vinagre. Lo ideal es realizar una combinación de cuatro o cinco cucharadas de vinagre por cinco litros de agua. Por lo que se refiere al secado, si no queremos ver un tono apagado o incluso hasta cierto punto manchado por la humedad, podemos seguir este consejo:

▸ Dejaremos secar al aire unos minutos y acto seguido, cuando el suelo todavía está humedecido, lo secaremos con un paño que habremos humedecido ligeramente con un abrillantador.

▸ Si todavía queremos un brillo suplementario, podemos lograrlo frotando el suelo enérgicamente y de forma homogénea con un trapo de lana.

MÁRMOL O CÓMO CUIDAR UN SUELO EXQUISITO

Desde luego nada tan majestuoso, si está bien limpio y la higiene y decoración de la casa acompaña, que un suelo de mármol, mejor incluso si es de Carrara, que abunda en los Alpes italianos y que fue utilizado en Roma, en tiempos del emperador Augusto (63 a.C.), con fines arquitectónicos. Recordemos que los mejores trabajos realizados por Miguel Ángel están efectuados con este tipo de mármol.

Sin embargo, el mármol, sea de Carrara o Rosa de Portugal, no siempre resulta elegante, al menos si no lo sabemos limpiar bien, ya que absorbe las manchas con mucha facilidad y quedan permanentes en la superficie si no se eliminan con diligencia.

Para fregar los suelos de mármol será suficiente hacerlo con agua y un producto detergente, pero acto seguido debemos proceder a secar bien toda la superficie, ya que las manchas de humedad serán casi permanentes. Debemos ser moderados con el uso de vinagre y especialmente con el limón, ya que sus ácidos se

AL MARGEN: LOS SUELOS PLÁSTICOS

Puede que sean de caucho, goma o plástico, pero se trata de una serie de suelos que cada vez están más de moda, porque permiten un gran número de efectos decorativos y son relativamente fáciles de instalar. Si los cuidamos como se merecen, lograremos que nos duren mucho tiempo.

Podemos lavarlos con frecuencia siempre que la bayeta o la fregona esté bien escurrida, ya que, pese a que hayan sido bien instalados, a veces las junturas no están bien unidas y si el agua entrase por ellas en exceso podrían generarse indeseables manchas de humedad, al margen de acabar deteriorando la cola con la que están pegados.

Bajo ningún concepto los lavaremos con lejía ni líquidos que resulten abrasivos, ya que podrían acabar por perder la coloración o agrietarse.

Para higienizar estos suelos debemos utilizar el detergente mínimo. Será más conveniente fregar con mayor frecuencia que no hacerlo pocas veces pero con mucho producto. Una solución jabonosa ligera será más que suficiente.

• Un método que nos ayudará a que el suelo, además de limpio, quede brillante será introducir en el agua de fregar medio taponcito de cera líquida por cada diez litros de agua.

• Si el suelo presenta manchas, podemos tratarlas con un poco de gasolina diluida en agua.

comen literalmente el brillo del mármol. Podemos usarlos pero con mucho cuidado y secándolos de forma rápida.

Si tenemos mascotas en casa y su educación no es la que debiera, en caso de que hagan sus necesidades sobre mármol debemos actuar prestos, ya que de lo contrario la «huella» puede ser para toda la vida. Esto mismo sucederá con la mayoría de refrescos con sabores, los cuales resultan muy perjudiciales para el mármol. Recordemos que una sola gota mal eliminada puede ser una marca para toda la vida.

A veces, pese a todo el cuidado y mimo del suelo de mármol, no tenemos más remedio que ver en él ciertas manchas producidas por una mala limpieza, por el uso incorrecto, etc. En el caso de que el mármol amarillee o incluso parezca estar perdiendo su fuerza y claridad, debemos actuar de inmediato pasando un cepillo de cerdas medianas, que habremos mojado en agua y unas gotas de vinagre. Si lo que presenciamos son manchas de herrumbre, producidas por elementos metálicos como lamparillas, figuras, etcétera, lo que debemos hacer es aplicar de forma rápida agua y limón. Seguiremos estos pasos:

1. Prepararemos una solución compuesta por una cucharada sopera de agua y otra de limón.

2. Tiraremos la mezcla directamente sobre el mármol, procurando que no se escape más allá de lo necesario. Aplicaremos de inmediato un paño seco y procederemos a frotar realizando círculos en una misma dirección.

3. Pasados un par de minutos, procederemos a limpiar con otro trapo, en este caso mojado con agua y jabón, y seguiremos frotando. La mancha desaparecerá.

Para otro tipo de manchas en el mármol, que como vemos es bastante delicado, deberemos tener algo más de paciencia, aunque no hay casi nada imposible de solucionar. De esta forma, si las manchas son de grasa limpiaremos el suelo con un trapo ligeramente humedecido con gasolina; si son de refrescos, procederemos a eliminarlas con la ayuda de agua oxigenada aplicada de forma local, como hemos hecho con el caso de las manchas de óxido.

Si hemos pasado la prueba de la limpieza y la eliminación de las manchas del mármol, sólo nos faltará cuidarlo y darle brillo además de limpieza. En el centro comercial habitual encontraremos productos específicos para dejar nuestros mármoles brillantes como espejos y ello es aplicable también a los de la cocina o cualquier otro lugar en el que tengamos mármol pulido. Si no podemos recurrir a dichos productos, podemos aplicar un poco de cera; eso sí, con mucha moderación, ya que un exceso de ella podría afear el mármol amarilleándolo. De todas formas, si «se nos ha ido la mano» con la cera, podremos eliminarla con una esponja humedecida con agua y un poco de jabón.

PARQUÉ: MADERA EN LOS PIES

Este tipo de suelos nos garantiza un aislamiento térmico importante. De hecho, es un placer caminar descalzos por el parqué, ya que además de la elegancia y distinción nos ofrecerá una gran calidez y bienestar. Ahora bien, tengamos presente que hay muchas calidades del material que nos ocupa, calidades que se verán afectadas en mayor o menor medida por el uso y también por la limpieza. Aseguran los expertos que sobre un parqué siempre deberíamos caminar con unas zapatillas cuya suela sea de tela, pues incluso el sudor de los pies descalzos puede afectar a su belleza.

Dejamos en manos del lector su asesoramiento personal sobre el mejor cuidado del parqué de su casa u oficina, y nos limitaremos a ofrecer una serie de consejos de limpieza de índole general. De esta forma vemos que podemos limpiar este tipo de superficies lavándolas con té. Para ello podemos hervir en un par de litros de agua dos tazas llenas de posos de té. Una vez esté enfriado y colado, mezclaremos la decocción con cuatro o cinco litros de agua fría y procederemos a aplicar para la limpieza del parqué.

‣ Para un parqué todavía más perfecto podemos complementar la limpieza referida con una segunda acción que realizaremos cuando la superficie esté bien seca. Se tratará de encerar dos horas después.

LOS CUIDADOS ESPECÍFICOS

El parqué, ya que es de madera, no sólo debe cuidarse en el uso, esto es al caminar, sino también cuando se producen manchas. Veamos algunos ejemplos:

Si las manchas son de agua, en primer lugar querrá decir que hemos prestado poca atención al suelo, ya que habrá pasado bastante tiempo para que se forme una mancha de humedad o el cerco de, por ejemplo, un tiesto. Para eliminar esta fea mancha debemos proceder de la siguiente forma:

1. Compraremos lana de acero, un producto con muchísimas aplicaciones. Con mimo y cuidado de no rayar el suelo pasaremos la lana efectuando leves giros al frotar.

2. Una vez eliminada la mancha, el parqué clareará un poco, pero no debemos preocuparnos. Aplicaremos de inmediato una ligera capa de cera de protección. Con el tiempo, esto es, a los pocos días, veremos que el color se va equiparando al original.

En caso de que las manchas del parqué sean de grasa, eliminarlas requerirá un poco más de paciencia y dedicación. Comenzaremos por espolvorear por encima de la mancha un poco de ceniza caliente, pero que no esté ni mucho menos al rojo. Extenderemos la ceniza incluso un poco más allá de la mancha y la dejaremos actuar durante 24 horas.

Al día siguiente recogeremos la ceniza con la ayuda de un aspirador y acto seguido aplicaremos un poco de gasolina diluida con agua, en proporción de tres partes de agua por una de gasolina. La mancha, casi con total seguridad, habrá desaparecido.

Otra de las manchas clásicas del parqué, especialmente en los que son de inferior calidad, es la que producen los zapatos, sobre todo los de goma. Para eliminar estas manchas lo mejor es no dejar que pase mucho tiempo antes de tratarlas, ya que cada vez estarán más adheridas a la superficie. En cualquier caso se pueden eliminar con un poco de aguarrás, que debemos diluir en agua a partes iguales. Cuando la mancha haya desaparecido aplicaremos un poco de cera en la zona tratada.

Como vemos, el parqué requiere ciertos mimos por parte de sus usuarios y, pese a todo el cuidado, a veces no podemos evitar que cruja en exceso al caminar, que se raye o incluso que presente un desconchón o grieta. Veamos cómo solucionarlo.

▸ Si cruje o chirría, lo que debemos hacer es acudir a una tienda especializada en materiales de droguería y bricolaje para comprar parafina, que debemos inyectar en las juntas de las piezas con la ayuda de una jeringuilla.

▸ En caso de que el parqué presente un desconchón, deberemos preparar una pasta con harina de almorta y agua. Este tipo de harina podemos encontrarla sin mucha dificultad en una tienda especializada en productos dietéticos. Cuando la pasta tenga cierta consistencia, con la ayuda de un pincel o cepillo aplicaremos una capa en cada desconchón. Después debemos recurrir a un poco de cera y puliremos con un estropajo de esparto.

▸ En caso de que la hendidura o grieta, e incluso desconchón sea muy profunda, debemos recurrir a taparla con una mezcla de harina, agua y cera en pasta.

ALGUNOS CONSEJOS ADICIONALES

• Debemos fregar el suelo de toda la casa con frecuencia, al menos dos veces por semana. El de la cocina cada vez que la usemos o como mínimo una vez al día, preferentemente después de la cena. Fregaremos también una vez al día el suelo del baño y el de la terraza o balcón.

• Si tras fregar observamos que las juntas de las baldosas se encuentran ennegrecidas, debemos armarnos de paciencia, ya que nos tocará trabajar con el cepillo, en este caso de reducido tamaño. Procederemos a frotar con él las junturas humedeciendo cada vez el cepillo en una solución de agua con bicarbonato. Podemos realizar este proceso al menos una vez al mes.

• Si el tipo de suelo que tenemos lo permite, no está de más que, al menos cada quince días, procedamos a fregarlo en toda la casa con agua y un chorro de vinagre. Eso sí, debemos aclarar después.

VIDRIOS, CRISTALES Y VENTANAS

Hay veces que los árboles no nos dejan ver el bosque. Y cuando son nuestras ventanas las que no nos dejan ver bien ni los árboles de la calle, tenemos un problema. Más allá del uso que cada uno haga de sus ventanas, éstas tienden a ensuciarse con muchísima frecuencia. El principal motivo es que dan al exterior de la casa y, por tanto, están expuestas todo el día al polvo, la suciedad del exterior y, cómo no, a las inclemencias del tiempo. Y efectuamos esta mención porque muchas personas saben que no hay nada que decepcione más que un día de lluvia luego de haber dedicado una serie de horas a limpiar las ventanas y cristales a fondo.

Como veremos a lo largo de este capítulo, los cristales, estén donde estén, son parte de nuestra vida. A través de ellos nos acercamos al mundo, y si no queremos tener la nefasta sensación de tristeza, más valdrá que nuestras ventanas estén siempre limpias y relucientes.

Realmente no se trata de una exageración, pero el polvo que entra en la casa es sólo una parte de la gran batalla que es la limpieza y saneamiento del hogar. Una batalla que cuando hablamos de cristales, no sólo los de las ventanas, sino también los de las lámparas, mesas o vitrinas, se complica. Claro que, como siempre, no hay nada imposible. Comencemos pues por los cristales mayores, los de las ventanas.

LUCIENDO UNAS VENTANAS MARAVILLOSAS

Unas ventanas limpias permitirán no sólo el paso limpio y claro de la luz solar, sino que, además, nos ayudarán a cambiar el estado de ánimo. No hay nada más deprimente que unas ventanas con los cristales sucios. Debemos pues hacer un esfuerzo por limpiarlos siempre que nos sea posible. Veamos algunas claves que nos ayudarán a lograrlo:

▶ Evitaremos hacer los cristales a fondo una vez por semana, ya que se trata de una tarea dura, pesada y aburrida.

▶ Debemos procurar ir haciendo la limpieza de los cristales de las ventanas a medida que vamos limpiando la habitación en la que están. De esta forma evitaremos acabar derrengados dedicando un único día a este tema.

▶ Los mejores resultados en la limpieza se producen cuando el sol no les da directamente mientras los lavamos, ya que de ser así no podremos apreciar con claridad el trabajo que estamos haciendo.

▶ El primer paso para limpiar un cristal siempre es comenzar por quitarle el polvo, y dentro de este primer paso comenzaremos por higienizar la parte de la ventana que da al exterior.

▶ Cuando limpiemos una ventana, antes de ocuparnos del cristal en sí, siempre lavaremos el marco en primer lugar.

Para comenzar la limpieza de las ventanas debemos empezar por quitar el polvo que, por lo general, desaparecerá sin mucho esfuerzo con la ayuda de un simple trapo. Claro que si ha llovido o la suciedad es extrema, muchas veces no tendremos más remedio que recurrir a un rascador de cristales.

Una vez hayamos quitado el polvo, procederemos a recurrir a nuestro limpiador de cristales habitual o, en su defecto, podremos preparar una solución de agua con amoniaco, siendo la proporción tres cucharadas soperas de este producto por cada litro de agua. Añadiremos a esta mezcla unas gotas de detergente. Después seguiremos estos pasos:

1. Utilizaremos como trapo una tela suave pero que no deje pelusilla. La impregnaremos bien con la solución limpiadora que hemos preparado y procederemos a escurrirla antes de aplicarla al cristal.

2. Efectuaremos siempre movimientos en sentido vertical. Debemos dejar a un lado las clásicas escenas de una famosa película en que los cristales se limpiaban mediante giros rotatorios. Con ello sólo conseguiríamos que no haya uniformidad en la limpieza.

3. Aunque estamos lavando el cristal con un trapo que está escurrido, debemos secar el cristal si queremos que quede tan limpio que parezca que no existe. Para ello utilizaremos un papel secante, como el de un periódico.

Si seguimos los pasos anteriores, cada vez que miremos por la ventana tendremos una gran satisfacción que podemos incluso mejorar con este sencillo truco:

▸ Si queremos que nuestros cristales, además de limpios estén relucientes, podemos lavarlos con agua fría y un chorrito de vinagre.

NOTA INFORMATIVA

La metodología descrita con anterioridad al respecto de la limpieza de los cristales de las ventanas, será también aplicable a aquellos que estén en puertas, vitrinas, etc. Por supuesto, todo ello es aplicable también a las estanterías o mesas y pequeños muebles de cristal.

En el caso de las lámparas de cristal, lo mejor será comenzar por quitarles el polvo con un paño muy delicado y acto seguido proceder a su limpieza con un paño o trapo impregnado con agua y alcohol de quemar a partes iguales.

NO TODOS LOS CRISTALES SON IGUALES

No pretende ser una obviedad. La verdad es que ni todos los cristales se nos presentan igual ni tampoco deberían limpiarse de igual manera, al menos si lo que pretendemos de ellos es obtener los mejores rendimientos. De esta forma veremos que no es igual el cristal glaseado que el translúcido, o que el rugoso o el tradicional y transparente, el de toda la vida.

▶ Cuando debemos limpiar cristales ahumados, debemos hacerlo con sumo cuidado, ya que tienen una especial facilidad para captar los chorretones si es que no hemos escurrido bien los trapos y no hemos secado mejor.

▶ Los cristales ahumados, como sucede con los rugosos, pueden lavarse, a diferencia de los lisos y transparentes, efectuando movimientos rotatorios, ya que aunque nos quede un pequeño destello o imperfección no se notará.

▸ Dado que los cristales glaseados son los que mejor marcan las huellas de los dedos y en los que mejor se aprecian las rayas, debemos cuidarlos mucho más que los tradicionales. Para eliminar de ellos las manchas debemos humedecer un paño en una solución de una parte de aceite de linaza con veinte de tricloroetileno.

▸ Los cristales granulados deben limpiarse con cualquiera de los productos descritos con anterioridad, pero a la hora del secado debemos efectuar un poco más de esfuerzo, aplicando con fuerza un paño o papel secante.

Otro de los grandes retos a los que nos enfrentamos con un cristal, o mejor dicho con su limpieza y conservación, son las manchas, ya sean de humedad, pintura, insectos, grasa, etc.

En el caso de que los cristales tengan grasa, lo mejor que podemos hacer es ir directamente, incluso antes de quitar el polvo (que estará perfectamente adherido al vidrio), a una solución de aguarrás con agua. En este caso utilizaremos tres partes de aguarrás por cada seis de agua. Debemos lavar con un paño que sea duro y rígido.

Si queremos evitar que los cristales queden empañados tenemos varias opciones. Por ejemplo, si quedan empañados tras lavarlos debemos realizar un lavado rápido con agua y sal, ya que nos permitirá que todo quede más brillante.

Si han quedado empañados por el vaho, algo bastante normal en baños mal aireados y en cocinas excesivamente cerradas, antes de lavarlos debemos dejar que el vaho se elimine por sí mismo. Después procederemos a pasar un papel de periódico y será más que suficiente.

Vayamos ahora al apartado manchas y huellas, otro de los aspectos poco gratificantes de los cristales.

▸ Si observamos que el cristal tiene manchas de pintura y son recientes, podemos quitarlas sin gran dificultad con un paño mojado en vinagre caliente.

▸ En el caso de que las manchas ya se hayan secado, no tendremos más remedio que recurrir a un rascador de cristales; eso sí, lo usaremos con suavidad, puesto que el objetivo es que nos ayude a eliminar la parte más gruesa de la mancha. El resto, el cerco, lo quitaremos con el método descrito anteriormente.

▸ Si el cristal presenta manchas o huellas de moscas, mosquitos, etc., podremos eliminarlas sin mucho problema con la ayuda de agua oxigenada.

¿QUÉ PRODUCTO ME INTERESA?

Muchas veces adjudicamos a los productos utilizados para la limpieza de cristales las culpas de que nos hayan quedado turbios, manchados o incluso poco limpios.

REPELENTE LIMPIADOR

Un truco muy interesante, no sólo para eliminar las manchas de las moscas, incluso aquellas tan desagradables que ha producido el insecto cuando ha sido ejecutado por un niño que lo ha estampado en el cristal, sino para lograr que no se pose en él durante un buen tiempo, consistirá en crear un repelente natural.

Comenzaremos por introducir en un litro de agua cuatro cebollas que habremos cortado a cuartos o rodajas. Llevaremos el agua a hervir, manteniendo la ebullición durante unos veinte minutos. Acto seguido colaremos el resultado, y con dicha agua de cebolla, a la que le podemos añadir un ligero chorrito de vinagre, procederemos a lavar los cristales.

La verdad es que si un cristal se limpia con un limpiacristales, no hay vuelta de hoja, debe quedar limpio. Otra cosa distinta es que nos quede sin cercos o produciendo destellos indeseables. De todas formas, para los más exigentes, que sepan que, al margen de los métodos de limpieza descritos, hay algunos productos «caseros» que pueden ser de gran ayuda.

▸ Nuestras abuelas limpiaban los cristales nada menos que con té, y la verdad es que nos dará resultados sorprendentes. Para obtener este limpiador debemos preparar una decocción de menta fresca mezclada con albahaca. En este caso, se trata de poner a hervir un litro de agua con un puñado generoso de menta y medio puñado de albahaca, dejando todo el conjunto en agua hirviendo durante al menos veinte minutos. Cuando el agua se haya enfriado podremos humedecer en ella un paño y proceder a la limpieza del cristal.

▸ Podemos obtener otro limpiador natural mezclando en un cubo con cinco litros de agua una taza grande llena de amoniaco.

▸ Otro limpiador muy interesante será el que fabriquemos mezclando, en un cubo que contenga cinco litros de agua, una taza de amoniaco, otra de vinagre y unas gotas de limón.

ESPEJOS

Estos dispositivos ópticos que generalmente son de vidrio, aunque pueden ser de otros materiales pulidos, están presentes en la historia de la humanidad casi desde tiempos inmemoriales. No en vano en la Biblia ya se habla de espejos de latón y sabemos también que fueron utilizados por los antiguos egipcios y babilonios. Por lo que se refiere a los primeros espejos de cristal, sabemos que comenzaron a fabricarse en Venecia en torno al año 1300.

Para limpiar un espejo, que no deja de ser un cristal, no tenemos que complicarnos mucho la vida, bastará con que no lo ensuciemos más de la cuenta al maquillarnos o asearnos, con que dejemos que se seque del vaho que ha producido el baño, etcétera. Sin embargo, a veces no hay más remedio que actuar.

▸ Si el espejo se empaña, podemos hacer que recobre toda su fuerza limpiándolo con agua caliente, en la que habremos mezclado un poco de alcohol y amoniaco a partes iguales.

▸ En caso de que el espejo presente manchas por culpa de la higiene diaria, como pequeñas gotitas de pasta dentífrica, lo primero que tenemos que hacer antes de lavarlo por completo será eliminar dichas manchas. Desestimaremos hacerlo con un papel en seco, ya que empeoraría la situación. Procederemos pues a humedecer el papel con un poco de agua, frotaremos ligeramente y después limpiaremos todo el espejo.

▸ Si la mancha se debe a maquillaje, no tendremos más remedio que proceder a eliminarla con un papel o pequeño trapito mojado en alcohol. Recordemos que la mayoría de elementos de maquillaje suelen tener un gran poder adherente y suelen quedar bastante fijados al cristal.

▸ Si el espejo presenta manchas negras fruto del paso de los años, y no queremos cambiar el espejo, lo mejor que podemos hacer para disimularlas será pintar la parte trasera con pintura plateada. Eso siempre que las manchas negras sean prácticamente imperceptibles.

LOS OTROS CRISTALES

Nada tan bello como un jarrón de cristal lleno de flores frescas, pero nada tan poco agradable como verlo con cercos o posos indeseables en su interior. Jarrones, elementos decorativos como platitos, bandejas o tiradores de ciertos muebles, etc., forman parte de ese cúmulo de elementos de cristal que están en la casa (de las pantallas de televisión y las de ordenador nos ocuparemos en su momento al llegar a la sala y despacho) y que mal cuidados no sólo nos dan una mala imagen, sino que empobrecen su presencia.

▸ En el caso de los jarrones, si están sucios por dentro y son bastante estrechos, lo mejor será limpiarlos introduciendo en ellos un poco de arena que tenga un cierto grosor. Acto seguido añadiremos agua y detergente, después agitaremos el jarrón con fuerza varias veces y después lo dejaremos en reposo un par de horas. Transcurrido este tiempo, volveremos a agitarlo, después lo vaciaremos y aclararemos.

▸ Otro sistema para llegar a las zonas de cristal poco accesibles, como el interior de las botellas decorativas, será utilizando la sal. Para ello debemos introducir un poco de sal gorda en el interior del recipiente, añadir agua y agitar con fuerza.

▸ La sal marina nos será de gran ayuda también para limpiar platitos, bandejitas o el exterior de las botellas. En este caso esparciremos sal fina (que previamente habremos pasado por el molinillo del café) sobre un trapo que esté húmedo. Después, con mucha suavidad, frotaremos el paño con el cristal. Finalmente aclararemos.

LA OPINIÓN DEL EXPERTO

«En toda casa debería haber una serie de cristales de cuarzo y gemas, pues nos dan tranquilidad, paz y serenidad. Es recomendable que estén en los salones y dormitorios, aunque no está de más que también los tengamos en baños y cocinas. Los cuarzos y gemas crean vibraciones armónicas en el hogar, pero para ello deben estar bien limpios y pulcros.

La mejor forma de limpiar el polvo que suelen acumular estas piezas es simplemente utilizando agua destilada y un cepillo de dientes. En primer lugar, situaremos la gema o cristal sumergida en un recipiente que contenga agua de forma que lo cubra. Pasados unos minutos, entre cinco y diez, extraeremos la pieza del agua y procederemos a pasarle el cepillo de dientes de forma delicada por todas y cada una de sus porosidades y ángulos. Acto seguido aclararemos con agua corriente y dejaremos secar al sol.»

Lucía Domingo
Gemoterapeuta

SEGUNDA PARTE

LA LIMPIEZA POR ESTANCIAS

A través de los capítulos precedentes hemos ido descubriendo algunas generalidades al respecto de la higiene y limpieza del hogar. Hemos descubierto algunos de los métodos que nos servirán para poner a punto la gran mayoría de las habitaciones de la casa. Sin embargo, el objetivo de esta segunda parte es quizá más ambicioso. Se trata, en definitiva, de ir descubriendo estancia por estancia la mejor forma de llevar a cabo la limpieza de cada habitación según el problema que nos presente.

En esta segunda parte entraremos en los baños, en los aseos y en las cocinas, algunos de los lugares más sufridos. Verificaremos su orden y limpieza, al tiempo que aprenderemos a mantener estas estancias siempre «vivas» y a punto. Penetraremos también en las lavanderías o habitaciones de limpieza en las que encontramos lavadoras, secadoras y hasta planchas. Veremos cuál es la forma más adecuada de higienizar no sólo las prendas de uso personal, sino también las de la casa y, cómo no, conoceremos los secretos del secado y planchado.

Por supuesto esta segunda parte no podrá olvidar ni el orden de las habitaciones y los armarios que se encuentran en ellas, ni tampoco la limpieza que debemos efectuar en los dormitorios, estudios y despachos, amén de salones. Así que, remanguémonos, aunque con serenidad y buen humor, que todavía hay mucho por hacer.

LA COCINA, CORAZÓN DE LA CASA

En la cocina deberemos preparar desayunos, comidas, cenas... es decir, pasaremos muchas horas en ella. A diferencia de otras estancias como el salón, que también es comunitario pero no es una estancia de acción, la cocina deberá estar siempre dispuesta a ser usada con un fin concreto. A diferencia de un dormitorio o habitación en el que la actividad será reposar, leer, estudiar o dormir, en la cocina debemos tener un ambiente que propicie la armonía en la tensión matutina de, por ejemplo, no llegar tarde al trabajo; que genere bienestar cuando estamos preparando, no ya un plato especial para los invitados, sino nuestro ágape más sencillo.

La cocina es una herramienta con múltiples opciones. Por una parte debemos cocinar y preparar todo tipo de alimentos, y por otra debemos lavar las zonas o armarios dedicados a tal fin. Es un lugar en el que vamos a ensuciar, tanto cuando cocinemos como cuando, si es el caso, desayunemos, comamos o cenemos. Se trata de una estancia en la que se acumularán ollas, sartenes, platos, vasos y todo tipo de menaje que acabarán sucios tras el uso y que deberán ser lavados. Tanto si se trata de hacerlo a mano como mediante el lavavajillas, una vez lavados y secados los «cacharros» tendremos que proceder a su nuevo almacenamiento y orden. En fin, como vemos, la cocina es algo así como «la casa dentro de la casa» y, por tanto, debe ser cuidada e higienizada con especial esmero.

LA IMPORTANCIA DE CUIDAR LAS PAREDES

Las paredes de la cocina, que según recomiendan los expertos en Feng-Shui deberían ser de un tono vivo a la vez que cálido, son el equivalente a las paredes de una gran sala de máquinas: pueden mostrar con la suciedad y el poco cuidado que tengamos de las mismas «lo mal que funciona la caldera» o lo «engrasado que está el motor».

Si bien en las salas o dormitorios podemos permitirnos el «lujo» de recargar un poco los ambientes con la decoración, en la cocina lo que debería privar para tener una correcta sensación de higiene son, al margen de colores claros, la limpieza y el vacío, ya que de lo contrario estamos facilitando demasiadas opciones para el asentamiento de la grasa.

▸ Las paredes de una cocina que se precie deberían estar alicatadas hasta el techo, pues así lograremos uniformidad y serán mucho más fáciles de limpiar.

▸ En caso de no poder disponer de alicatados, recurriremos siempre a una pintura plástica que sea lavable, lo que nos permitirá poder «fregar» las paredes con cierta frecuencia.

▸ Desestimaremos para las paredes de las cocinas los papeles pintados, por muy vinílicos que sean.

▸ En el caso de los techos, lo mejor será que sean falsos, de PVC o pintados con pintura plástica lavable.

CUIDANDO DE NUESTROS ALICATADOS

En general los alicatados, si son de buena calidad, lo aguantan todo. Ahora bien, recordemos que el problema de la cocina no suele ser el polvo sino la grasa, que es capaz de lograr que el polvo se adhiera de forma notable a las paredes.

Debemos acostumbrarnos a limpiar después de cada uso los alicatados que están más próximos a la encimera. Si lo hacemos cada vez, bastará con pasar un paño con un poco de lejía. Esta acción debería realizarse también en la zona donde tengamos la mesa, puesto que es la más proclive a recibir alguna que otra gota, salpicadura o mancha cuando estamos comiendo. Para el resto de la limpieza general de los alicatados procederemos de la siguiente forma:

1. Los lavaremos con detergente, pero añadiremos diluido en el agua un 25 por ciento de vinagre.

2. Debemos realizar movimientos uniformes en la limpieza y lo mejor siempre será comenzar desde arriba y en dirección al suelo. Limpiaremos siguiendo las columnas imaginarias que forma cada hilera de alicatado.

3. Para evitar que los alicatados nos queden empañados, debemos secarlos de inmediato.

A veces la limpieza de la cocina resulta un poco más compleja, ya que nos hemos despistado y hemos dejado un poco de lado su higiene principal. Puede ocurrir también que la cocción poco ventilada y extremadamente grasienta haya provocado una acumulación excesiva de grasa.

Un método para tener que esforzarnos menos en la limpieza será recurrir a la olla a presión. Para ello llenaremos la olla de agua y la llevaremos a ebullición dejando, eso sí, las ventanas y puertas de la cocina bien cerradas. El vapor nos ayudará mucho a eliminar la grasa adherida.

Si no disponemos de una olla a presión, podremos lograr un efecto similar llevando a ebullición dos o tres grandes ollas llenas de agua. Cuando comience a salir vapor las retiraremos del fuego y las colocaremos con la tapa ligeramente abierta en zonas estratégicas de la cocina para que vayan desprendiendo el vapor.

Una vez hayamos vaporizado bien toda la cocina, será más que suficiente pasar por el alicatado un trapo empapado en un producto limpiacristales para lograr una limpieza muy efectiva.

▸ Una idea muy útil para eliminar la grasa rebelde de los alicatados consistirá en mezclar limpiador de cristales con alcohol de quemar y un chorrito de amoniaco.

Las junturas del alicatado son un tema aparte en la cocina, ya que suelen ser un poco más difíciles de limpiar. Por su composición, acumulan la grasa y suciedad con más fuerza. Para lograr que no desmerezca la limpieza que hemos logrado con el resto de las paredes, debemos limpiarlas con lejía rebajada con agua o bien con agua mezclada con un detergente en polvo. Debemos aplicar esta solución con un trapo, al tiempo que procedemos a limpiarlas a fondo con la ayuda de un cepillo. Debemos secar de inmediato.

LIMPIANDO Y CUIDANDO LOS ELECTRODOMÉSTICOS

Nadie es capaz de concebir una cocina sin su horno, nevera o microondas, por no hablar de la multitud de aparatos como freidoras, trituradoras, batidoras, o los más clásicos como la tostadora, etc. Todos pueden resultar muy útiles, pero de entrada lo que debemos ser es prácticos. Tenemos que establecer un orden de

LA OPINIÓN DEL EXPERTO

LA COCINA DEBE SER FÁCIL DE LIMPIAR

«Pese a la modernidad imperante, no es fácil decorar una cocina y hacer que a la vez sea práctica. Una buena cocina debe ser operativa, bella y sobre todo fácil de limpiar. Lo mejor siempre es escoger colores luminosos, al margen de dotar a la estancia de la suficiente iluminación artificial.

Una cocina que se precie debe transmitir frescura y esto lo conseguiremos con orden, con una decoración sobria, pero fresca y nada recargada. Una forma de dotar a la estancia de más vitalidad será incorporando en ella unas plantas del tipo helecho.

Todos los elementos de cocción deben disponer de un buen espacio para guardarse y, en el caso de decidirnos por las cocinas «estantería» en las que todo está a la vista, deberemos ser mucho más estrictos en la limpieza que con las otras en las que los elementos se guardan en los cajones, pues se ensucian mucho menos.

La correcta cocina debe tener una buena zona de preparación de los alimentos; otra específica para la cocción, en la que si es posible integraremos cocina, microondas y horno; la tercera zona deberá estar reservada a la despensa y nevera. Por último, si el espacio lo permite, la cocina debería disponer de una zona en la que poder comer. Si somos capaces de establecer estas zonas bien diferenciadas y perfectamente ordenadas, la limpieza resultará muy fácil.»

Luisa Cantarín
Decoradora

prioridades, sabiendo que ni todos los aparatos se usan a diario, ni tampoco es necesario tenerlos siempre en «primera línea de combate». Si están bien guardados, se ensuciarán menos y nos durarán más, puesto que estarán mejor cuidados.

▸ Entenderemos que los electrodomésticos de primera línea son aquellos que usamos a diario, como la nevera, cocina, microondas, horno, tostadora de pan, exprimidor de naranjas, etc.

▸ Los electrodomésticos de segunda línea siempre deben estar guardados en orden y agrupados. Bajo ningún concepto, luego de usarlos y lavarlos convenientemente, los dejaremos en otro lugar que no sea el suyo; así evitaremos que con el tiempo se produzcan aglomeraciones.

Un electrodoméstico que esté bien cuidado, y ello implica también ocuparnos de su higiene y mantenimiento periódico, tiene una vida media de alrededor de diez años, en función de la marca. Pero cuidándolos pueden durar más. Veamos seguidamente de qué manera podemos obtener el máximo rendimiento de nuestros aparatos.

▸ Antes de utilizar el aparato leeremos con atención su manual de instrucciones, prestando especial atención a su cuidado y mantenimiento.

▸ Procuraremos limpiar estos aparatos con productos no abrasivos y utilizando siempre estropajos suaves.

▸ En el caso concreto de los exprimidores de naranjas debemos limpiarlos de inmediato tras su uso o de lo contrario aparecerán indeseables manchas que costará mucho erradicar de forma definitiva.

▸ Por lo que se refiere a los otros aparatos, procederemos a limpiarlos de inmediato tras su uso.

▸ En el caso concreto de aparatos que utilizan agua, como lavadoras, lavavajillas o incluso cafeteras, debemos llevar un cuidado especial con la cal. Para evitar formación de depósitos debemos añadir al agua un poco de vinagre.

La gran mayoría de pequeños electrodomésticos, aunque ello es aplicable a los de mayor tamaño, suelen ser de color blanco cuando los compramos, pero al poco tiempo pierden ese tono tan limpio y natural y se amarillean. El mejor remedio para evitar esos tonos que marcan el desgaste y la suciedad rebelde será limpiarlos con agua caliente y bicarbonato.

Otro aspecto a destacar es que muchas veces, por el mismo uso, algunos de los aparatos acaban por rayarse. Las rayas son un foco de suciedad que con el tiempo podemos verificar gracias a las rayas de tonos oscuros que presentan. El mejor remedio para tratar este desgaste será una limpieza con un líquido de pulir plásticos que encontraremos en la droguería o centro comercial. Si la raya no es muy profunda, puede ser de gran utilidad frotar directamente una cáscara de limón sobre la zona en cuestión.

CONSERVAR Y LIMPIAR LA NEVERA

Se trata de una de las piezas más importantes de la casa y también de la cocina. Una nevera limpia, bien ordenada y sin malos olores resultará apetecible por vacía que esté. En cambio, cuando abrimos un frigorífico y lo que vemos en él es un terrible desconcierto de alimentos, mezclado con una variada fragancia de olores que no aromas, lo único que nos apetece es volver a cerrarla de nuevo.

La primera norma de conservación de una nevera es no abrirla y cerrarla continuamente y, una vez cerrada, respetar el tiempo que todo aparato necesita antes de volver a abrirse. Recordemos que la mayoría de las neveras tienen un tiempo breve de entre dos y tres segundos que al cerrarse efectúan un efecto ventosa. Si forzamos la puerta intentando abrirla a toda costa, lo único que conseguiremos será estropear las gomas imán de la puerta. Otros aspectos a resaltar por lo que a la conservación se refiere son:

▸ No descongelarla por completo hasta que no esté totalmente vacía, y al hacerlo procurar desenchufarla de la red eléctrica.

▸ No debemos lavar la nevera con detergentes. Si somos cuidadosos con su uso, basta con limpiarla con un trapo húmedo y acto seguido, retirada ya la primera capa de suciedad, limpiar con una bayeta que humedeceremos en un recipiente en el que habremos puesto un litro de agua caliente y en el que habremos diluido dos cucharadas de bicarbonato.

▸ Si queremos limpiar el congelador y tenemos cierta prisa para que se descongele, jamás utilizaremos un secador de aire caliente, puesto que podríamos dañar la nevera. Será mucho mejor introducir un bol o cuenco con agua tibia. Cuando el hielo resultante sea el mínimo, podemos repetir la operación, pero en este caso usaremos agua caliente y zumo de limón. Recordemos que este líquido no debe tocar las paredes del congelador, sólo tiene que humear en su interior.

▸ Como norma de higiene, en este caso de carácter periódico, debemos cepillar una vez al mes la rejilla que encontraremos en la parte trasera de la nevera, una rejilla que por cierto suele ser un buen lugar para que se acumule polvo y grasa.

▸ Los compartimientos de la nevera, como queseras, hueveras, estanterías y otros elementos extraíbles, podemos lavarlos en el lavavajillas o en su defecto a mano con agua y jabón, y siempre con una esponja, jamás con un estropajo que sólo servirá para rayar dichos elementos.

ALGUNOS REMEDIOS CONTRA LOS MALOS OLORES

Decíamos que nada tan poco gratificante como los malos olores que producen ciertos productos que estamos conservando en la nevera. Hay varios métodos para evitar el olor en la nevera. El más sencillo es recurrir a envases que contengan lo que tiene mayor tendencia a ensuciar. Si con ello no es suficiente, podemos utilizar un sistema tan simple como fácil: depositar un trozo de carbón vegetal en el interior del frigorífico.

Otro método que también resulta muy interesante, aunque es más complejo, consiste en introducir en el frigorífico un plato en el que habremos hervido caramelo o en su defecto un bol en el que habremos hervido vinagre. Bastará con que dejemos estos elementos un par de horas en el interior de la nevera para que cambie su aroma.

CÓMO CONSEGUIR UN HORNO ÓPTIMO

Algunas personas creen erróneamente que al poseer un horno autolimpiable no deben hacer nada más con él que cocinar. No debemos engañarnos, el horno debe limpiarse como cualquier otro electrodoméstico; es más, puede ser una fuente permanente de suciedad y malos olores si no lo tratamos como se merece. Veamos algunos métodos para tener un horno siempre perfecto:

▸ Podemos limpiar el horno con un producto específico para tal fin o, en su defecto, ablandar la grasa que contenga en su interior introduciendo en él una olla que contenga agua hirviendo con vinagre.

▸ En cuando percibamos que algo se derrama en la base del horno o que salpica sus paredes, no debemos dejar que se endurezca. Para ello, cuando el horno todavía esté caliente, tiraremos sal sobre la zona afectada y después pasaremos una esponja húmeda por ella.

▶ Si la mancha se ha producido sin que la veamos y ya lleva tiempo, debemos calentar el horno y, después de unos minutos y con el horno ya apagado, colocaremos en la zona afectada un poco de jabón. Pasados unos instantes podremos frotar sin ningún problema.

▶ El mejor sistema para lavar las bandejas y rejillas del horno, que por su tamaño siempre se nos antojan complejas, es sumergirlas en la bañera llena de agua caliente. Acto seguido debemos espolvorear un poco de detergente y dejar que vaya ablandando los elementos. Mientras tanto, aprovecharemos para efectuar una limpieza general del horno. Cuando hayamos terminado volveremos a la bañera para limpiar con normalidad las bandejas, cuya grasa estará perfectamente reblandecida.

A veces el mejor producto se lo puede preparar uno mismo, de esta manera no sólo ahorramos dinero, sino que tenemos la satisfacción de sentirnos más autosuficientes en el tema de la limpieza. Un método muy bueno y efectivo consiste en encender el horno a temperatura media durante unos veinte minutos.

Cuando el horno alcance la temperatura óptima lo apagaremos e introduciremos en él, en la parte superior, un recipiente que aguante la temperatura y que deberá estar lleno de amoniaco. Por otro lado, en la parte inferior del horno debemos colocar una olla que contenga agua hirviendo. Cerraremos la puerta del horno y dejaremos que los productos actúen por espacio de un par de horas. Pasado este tiempo, abriremos la puerta por espacio de unos veinte minutos y después, tras retirar la olla y el recipiente, podremos limpiar con agua y jabón de una forma muy fácil y bastante rápida.

▶ Jamás debemos limpiar el horno o sus bandejas con un estropajo, ya que podríamos rayar dichos elementos. Siempre es preferible reblandecer la grasa con métodos como los especificados y después proceder con una esponjilla jabonosa.

▶ Aunque el horno no se use, es conveniente efectuar su limpieza al menos una vez a la semana.

MICROONDAS: RÁPIDO DE USAR Y FÁCIL DE LIMPIAR

La gran mayoría de los fabricantes nos indican en sus manuales que los microondas no deben limpiarse con detergentes ni abrasivos. Para la parte exterior utilizaremos cualquier producto de los habituales para otros electrodomésticos. En el caso del interior, el plato giratorio lo lavaremos como cualquier otro plato de la vajilla, con la diferencia de que por su textura aguantará mucho mejor que los otros un estropajo duro.

Por lo que se refiere al interior del microondas, para limpiarlo debemos introducir en él un vaso lleno de agua diluida con zumo de limón. Pondremos el microondas al máximo y llevaremos el agua a ebullición. Después apagaremos el aparato y dejaremos que el vapor salga durante un minuto. Acto seguido, y simplemente con un trapo limpio o incluso con un papel de cocina, procederemos a limpiar todas las paredes del microondas.

COCINA LIMPIA, PLATOS MÁS SABROSOS

Seamos coherentes: el hecho de tener una cocina llena de papel de aluminio que rodea los fogones no deja de ser un sistema «poco honesto» de no limpiar. Es cierto que muchas personas utilizan este sistema para proteger la cocina cuando prevén que tienen que realizar frituras que pueden producir salpicaduras o caldos y cocidos que a veces al llegar a la ebullición acaban vertidos sobre el quemador. Pues bien, todos estos métodos sólo indican una cosa: que no queremos limpiar a fondo.

Es cierto que podemos recurrir al papel de aluminio para proteger los quemadores y la zona de la cocina que no estamos utilizando, pero debemos ser consecuentes y retirarlo en cuanto haya terminado la cocción y, además, proceder después a una limpieza exhaustiva de la cocina.

En sí, la cocina, al menos la mayoría de ellas, no puede considerarse como electrodoméstico. Por supuesto, siempre hay excepciones, como las cocinas eléctricas que podemos llegar a programar, las de vitrocerámica o incluso las de cocción por inducción magnética. Lo que tenemos hoy es una verdadera avanzadilla de lo que vendrá en unos años en los que seguramente veremos que nuestra cocina se conecta a Internet (como tantos otros electrodomésticos) para determinar con precisión tiempos de cocción, intensidad de potencia, etc. Pero mientras llega el ansiado momento, debemos centrarnos por una parte en las cocinas que producen llama y que siguen siendo las mayoritarias.

▸ Si queremos evitarnos trabajo de limpieza, cuando realicemos frituras tendremos la precaución de recurrir a tapas contra salpicaduras que debemos situar, evidentemente, sobre el recipiente en el que freímos.

▸ Si utilizamos papel de aluminio para proteger la cocina, tras la cocción lo retiraremos y limpiaremos la cocina de inmediato.

▸ Una forma de evitar vertidos indeseables que siempre suelen producirse a causa de la cocción es dejar ligeramente destapados los recipientes como cacerolas u ollas y mantener los fuegos o la potencia de cocción a una temperatura que no sea excesivamente elevada.

▸ La cocina debe limpiarse después de cada cocción. Las incrustaciones difíciles podemos eliminarlas y lograr reblandecerlas con la ayuda de un poco de vinagre. Desde luego no debemos utilizar estropajos que, aunque tendrán más fuerza que la esponjilla, lo que conseguirán es rayar la cocina y poco más.

Lo que da más trabajo en la limpieza de la cocina es la limpieza de la rejilla y los quemadores; claro que si hemos seguido las normas anteriores difícilmente se ensuciarán más de la cuenta. Tanto para uno como para otro caso debemos recurrir al tiempo.

Lo aconsejable es sumergir los quemadores en agua hervida con zumo de limón y un chorrito de vinagre y dejarlos en dicho estado toda la noche. A la mañana siguiente podemos limpiarlos con normalidad, ya que toda la acumulación de grasas y restos será muy fácil de desincrustar.

En el caso de tener que limpiar unos quemadores cuya suciedad ya raya el exceso, no tendremos más remedio que recurrir a un sistema drástico. Para ello los sumergiremos en una olla en la que introduciremos agua y vinagre a partes iguales; acto seguido los llevaremos a ebullición y después ya podremos limpiar con normalidad y darles brillo.

¿QUIÉN FRIEGA HOY LOS PLATOS?

Las vajillas, cuberterías y cacharros de cocina son un punto y aparte en el mantenimiento de la cocina. Hasta el momento todos lo que hemos visto resultan relativamente fáciles, sencillos y cómodos, pero con los utensilios del menaje la cosa no tiene más solución que estar por ella. Tras un desayuno, comida o cena, en un hogar se han utilizado y ensuciado un buen número de cacharros. Si disponemos de lavavajillas la cosa parece estar bastante solucionada, puesto que nadie saldrá silbando o mirando al techo cuando llegue el «ansiado» momento de fregar los platos.

COCINAS DE PLACAS

Las cocinas de inducción y vitrocerámica poseen una superficie lisa y acristalada sobre la que se produce el calor. La limpieza de este elemento es muy delicada, ya que si le ponemos más empeño del necesario o utilizamos productos poco adecuados sólo lograremos rayar y estropear la superficie. Para limpiar consideraremos:

1. Las normas del fabricante que en el manual de uso del aparato nos indicará cómo debemos limpiarlo.

2. Limpiaremos esta superficie con esponjas, jamás con estropajos, y siempre utilizando un elemento desinfectante y detergente que no resulte abrasivo.

3. Para evitar frotar, lo mejor es limpiar siempre después de cada uso, pero en caso de que la incrustación en la superficie de trabajo sea muy dura, debemos reblandecerla con agua caliente. Si todavía se resiste, derramaremos directamente sobre la incrustación unas gotas de alcohol de quemar, aplicando de inmediato un paño y frotando.

El lavavajillas nos permite ahorrar mucho tiempo y nos ha dado calidad de vida. Sólo tenemos que pensar en llenarlo, ponerlo en marcha y después vaciarlo. Sin embargo, hay personas que tampoco están dispuestas a esta minucia y el hecho de tener que pensar en colocar todo el contenido de un lavavajillas les pone enfermos.

De entrada, para que un lavavajillas sea operativo, debe mantenerse en perfecto estado de conservación y los cacharros deben introducirse en él en la medida adecuada, pues llenarlos de más sólo servirá para limpiar peor y los niveles de sales y abrillantadores siempre deben ser óptimos. Pese a todo ello, a veces parece que el lavavajillas «falla», y en realidad quienes fallamos somos nosotros, ya que de cuando en cuando deberemos echarle una mano haciendo cosas como éstas:

▸ Una vez por semana y con el aparato totalmente vacío, efectuaremos un programa corto añadiendo un par de cucharadas de lejía.

▸ El lavavajillas no es mágico: debemos pasar por agua los platos usados antes de introducirlos en él, especialmente aquellos utensilios que contengan incrustaciones, fruto de gratinados, salsas muy espesas, etcétera.

▸ No sobrecargaremos el aparato y verificaremos que un plato, vaso o cubierto no esté dificultando la limpieza de cualquier otra pieza.

▸ De forma periódica, al menos en un par de ocasiones por semana, debemos verificar el estado del filtro del aparato en el que siempre podemos encontrar algún que otro residuo de comida.

▸ Si el agua de la zona en la que vivimos es dura y contiene mucha cal, debemos añadir al depósito del aparato de lavado un poco de sal extra.

Pese a las ventajas de la técnica, no todo debería pasar por el lavavajillas, y un ejemplo de ello son aquellas piezas de vajilla antigua que han sido pintadas a mano que poseen elementos dorados, ya que con el tiempo acabarán por deteriorarse. En este caso será mejor lavarlas a mano. Este tema es aplicable a las piezas de cristalería fina que, en función del movimiento que se produzca en el interior del aparato en el proceso de lavado, podrían llegar a romperse.

EL FROTAR TODAVÍA NO SE VA A ACABAR

Lamentablemente, no todo el mundo dispone de un lavavajillas y, en estos casos, no hay más remedio que pasar a la acción, ponerse los guantes de goma y proceder a un lavado manual de todo lo utilizado. La primera norma es no dejar nunca elementos en remojo para «lavarlos más tarde». Esto sólo se permitirá cuando la incrustación o dureza de la suciedad requiera un tiempo de preparación. Algunos de estos últimos casos son:

▸ Elementos que se han manchado: debemos dejarlos en remojo con agua y bicarbonato por espacio de al menos ocho horas, y después procederemos a limpiarlos con normalidad.

▸ Si los elementos presentan manchas de infusión, el mejor remedio será, tras el remojo anterior, lavarlos con una esponja que habremos humedecido en vinagre.

▸ En caso de tener que limpiar elementos que tengan mal olor, los dejaremos previamente en remojo, también por espacio de unas ocho horas, pero en este caso con agua y amoniaco. Un toque mágico para eliminar el mal olor se conseguirá si aplicamos al agua un poco de mostaza en polvo.

Fregar los «cacharros de la cocina», los cubiertos y vasos no es una tarea agradable, pero no debemos tener prisa al hacerlo, ya que de lo contrario, al margen de algún que otro accidente que puede producir incluso la rotura de una pieza, lo único que lograremos es lograr un resultado imperfecto. Debemos también seguir otras normas de seguridad, como por ejemplo no poner una copa de cristal fino en pie y llena de agua caliente, ya que se podría romper a causa de la dilatación repentina.

Otro aspecto a resaltar en el lavado manual es que debemos seguir un orden de limpieza y no proceder con todo a la vez, ya que ni el proceso será igual ni requiere las mismas precauciones. De entrada, lo que debemos hacer es comenzar por limpiar las ollas o sartenes que hemos utilizado para cocinar. Lo aconsejable es ir limpiándolas mientras se va realizando el proceso de cocción o, cuando menos, dejarlas en remojo para que cuando terminemos el ágape estén listas para una limpieza fácil. Veamos un orden correcto de limpieza:

1. Fregar y lavar sartenes, bandejas y todo aquello que resulta voluminoso. Dejarlo secar en una superficie plana, por ejemplo sobre el mármol, teniendo la precaución de situar sobre él un paño que vaya absorbiendo la humedad.

2. Fregado de los cubiertos y elementos accesorios, como espátulas, tenedores o cucharones de madera, etc. En el caso de la madera, recordemos que estas piezas, tras ser lavadas, deben ser repasadas con un trapo para que se sequen con mayor rapidez que las otras. Los cubiertos normales, tras su lavado, deben situarse en un escurridor, donde esperarán a ser secados y abrillantados antes de guardarse.

3. Limpieza de vasos o copas. Debemos prestar atención y no mezclar estos elementos, ya que las copas son más frágiles que los vasos. Al tiempo, cuando situemos las copas dentro del fregadero, procuraremos colocarlas en posición horizontal, ya que así evitaremos que puedan tumbarse y romperse.

4. Limpieza de los platos que al finalizar deberemos situar en un escurridor o colocarlos de forma que queden en posición vertical. Si los dejamos inclinados o en horizontal presentarán manchas y no secarán tan bien.

Nota: El orden de limpieza es orientativo. Si disponemos de un armario de cocina con escurridor y dos estanterías, lo primero que debemos lavar es lo que vaya colocado en la parte superior, ya sean platos o vasos.

5. Una vez todo esté fregado, procederemos al secado final de las ollas, cazuelas y sartenes para por último guardarlas en el lugar que corresponda. Efectuaremos el mismo proceso con la cubertería, que salvo casos especiales podremos secar y repasar con un paño de cocina o papel absorbente.

ALGUNOS CONSEJOS COMPLEMENTARIOS

Todos, al menos quienes tienen que fregar de forma habitual, saben perfectamente que no es cuestión sólo de agua, jabón y

¿CÓMO LIMPIAR LAS VINAGRERAS DE CRISTAL?

El mejor sistema es llenar el recipiente hasta la mitad con trozos de patata cruda y añadir otra mitad de agua. Una vez lo tengamos listo, lo cerraremos y procederemos a agitarlo varias veces por espacio de unas 24 horas. Al día siguiente podemos terminar de limpiarlo con agua jabonosa y quedará perfecto.

estropajo o esponjilla. En muchas ocasiones nos encontramos con la necesidad de realizar un trabajo suplementario. Veamos algunos consejos que serán de gran ayuda a la hora de desempeñar esta labor.

En el caso de la cristalería, a veces tenemos la mala fortuna de que un vaso queda incrustado en el interior de otro. No debemos hacer juegos de manos, que sólo nos servirán para tentar la suerte y tal vez lograr una rotura o incluso un corte. Para separarlos debemos procurar llenar el vaso interior con agua fría al tiempo que sumergimos el que está en el exterior en agua caliente. En cuestión de segundos se separarán.

Otra idea que siempre resulta útil es que, si pretendemos que la cristalería quede brillante y sin manchas, debemos aclararla con un tercio de vinagre diluido en agua tibia, dejándola secar al aire. Obtendremos excepcionales resultados.

Para conseguir que tras nuestros lavados las cacerolas y piezas de aluminio siempre estén brillantes y relucientes como el primer día, debemos frotarlas con una solución de pieles de limón cocidas en agua. Si lo que buscamos es conseguir que las cazuelas tengan un brillo adicional, debemos frotarlas por la parte exterior con un poco de aceite mezclado con alcohol de quemar.

La cal siempre suele ser un problema, ya que termina por afear muchas piezas de la vajilla y las cacerolas. La mejor forma de evitar sus manchas será hervir en las cacerolas con dichas manchas un poco de agua en la que introduciremos una cáscara de patata.

Las sartenes son las grandes sufridoras, a veces mucho más que las cazuelas u ollas y eso que, por lo general, su tiempo al fuego es bastante menor. Si el problema es la grasa, las tendremos que lavar con una mezcla de vinagre y sal.

Para mejorar el aspecto de los productos de madera que luego de lavados parecen perder su intensidad de color, debemos dejarlos sumergidos durante dos o tres horas en un litro de agua en el que habremos incorporado al menos una tacita de café de agua oxigenada.

Si recurres con frecuencia a espátulas, recipientes o fiambreras de PVC o plástico, antes de lavarlos pásales un poco de papel de cocina que esté humedecido en vinagre de manzana. Después lávalo con normalidad como un elemento más.

Y ACABADO EL TRABAJO... A LIMPIAR DE NUEVO

No pretendemos desanimar, pero claro, la limpieza de la cocina no ha terminado; recordemos que todavía nos faltan los mármoles en los que han ido reposando los elementos lavados y, cómo no, el fregadero. No podemos ser escrupulosos en la limpieza del menaje del hogar y luego dejarlo todo como si de un campo de batalla se tratase.

En primer lugar, antes de trabajar con la limpieza del fregadero, nos encargaremos de los mármoles. Pasaremos un trapo con agua y jabón y después procederemos a su aclarado. En caso de que percibamos alguna mancha, el mejor remedio para eliminarla será aplicar una esponja empapada en agua templada y con unas gotas de lejía. Pasaremos la esponja localmente en la zona afectada y después aclararemos con agua limpia para secar de inmediato. Una buena idea para desengrasar el mármol es pasar por él la cara interior de la piel de una manzana.

Cuando hayamos finalizado el proceso de limpieza del mármol, procederemos a limpiar los grifos. Si observamos que han perdido un poco su brillo característico, los limpiaremos frotándolos con un paño en el que habremos derramado un chorrito de vinagre. Si se diera el caso que la grifería presenta alguna mancha de herrumbre, debemos preparar una mezcla de sal y limón.

GUERRA A LAS CAÑERÍAS

Si percibimos que el desagüe del fregadero (este consejo también es válido para los desagües en general) está obturado o semitaponado por los restos que hay en él, lo mejor es verter un par de litros de agua hirviendo, a los que les añadiremos un cuarto de kilo de bicarbonato. Si el atasco es muy importante, verteremos por el desagüe un litro de agua caliente y, acto seguido, un litro de salfumán.

Después frotaremos con diligencia toda la grifería y al finalizar lavaremos y aclararemos con agua fría.

Nos queda un último punto antes de liberarnos de la cocina: el fregadero. Si es de acero inoxidable, lo mejor es limpiarlo con agua y jabón. Y después de aclarar con abundante agua fría procederemos a secarlo con papel de periódico. Este mismo proceso podemos hacerlo con los de porcelana. En el caso de que el fregadero sea de mármol, tras lavarlo a conciencia podemos aplicarle un paño ligeramente humedecido en agua oxigenada y después aplicar agua normal del grifo para aclarar.

LAVAR, SECAR Y PLANCHAR

Entramos de lleno en uno de los terrenos que se nos pueden antojar como más relevantes después del uso de la cocina. Si bien no vamos a hacer tanto uso de la lavadora como lo hacemos de los fogones, el horno o el microondas, lo cierto es que cada vez que pongamos una lavadora, después vendrá el protocolo de tender y secar la ropa, guardarla, plancharla, etc. Todo ello sin contar que se supone que con anterioridad ya hemos clasificado las prendas.

Entramos pues de lleno en los llamados cuartos de lavar o lavanderías y cuartos del hogar, o cuartos de costura y plancha. Esto desde el punto de vista clásico, porque en nuestros días, salvo algunas excepciones, tanto lavadora como secadora están integradas en la cocina. Una cocina que, por cierto, no suele ser tan grande como parece a simple vista; la plancha acaba instalándose en la sala o allá donde podemos y, en el mejor de los casos, la ropa lavada en lugar de reposar en un sillón o silla lo hace en un armario para tal fin.

En otro apartado de este libro ya nos hemos ocupado de lo básico en torno al lavado e incluso planchado de la ropa, pero es preciso concretar algunos matices para que todo funcione correctamente.

LAS INSTRUCCIONES DE LA LAVADORA

En ocasiones, el manual de instrucciones se convierte en esencial para utilizar la lavadora de forma correcta. Podemos saber lavar la ropa y habremos usado diferentes tipos de lavadoras, pero, aunque se puedan parecer mucho, lo que sirve para una no vale para todas. Del mal uso de la lavadora no sólo se pueden resentir las prendas, sino también la economía e incluso la duración de la lavadora. Para evitar todo esto, lo mejor será seguir los siguientes consejos:

▶ Debemos tener la ropa clasificada con anterioridad. Recordemos siempre la norma: en un lugar las prendas de color y en otro las blancas. Debemos añadir al margen las negras que destiñen y aquellas que son especialmente delicadas.

▶ Calcular cuánta ropa cabe en la lavadora no es un problema. Todos los aparatos funcionan por peso y, más o menos, tras dos o tres coladas veremos que cinco kilos no es ni mucho menos todo el ajuar.

▶ La verificación de las prendas se hará extensible a las que posean bolsillos, ya que debemos verificar que no hay nada en su interior antes de ponerlas a lavar.

▶ Procuraremos girar todas las prendas del revés, en especial las de tejido tejano. Jamás introduciremos calcetines en la lavadora sin antes desplegarlos o estirarlos, y por lo que se refiere a las camisas, debemos introducirlas desabrochadas.

▶ Antes de introducir las prendas en la lavadora debemos verificar su etiquetado, ya que sólo así evitaremos sorpresas después.

Al margen de las recomendaciones anteriores, debemos tener presente que la lavadora puede soportar un máximo de ropa en peso, pero a veces también en volumen. Un edredón que permita su lavado a máquina puede no llegar al peso máximo, pero su tamaño quizá sea excesivamente grande y origine problemas no sólo para

LA OPINIÓN DEL EXPERTO

SABER ESCOGER UNA LAVADORA

«Una lavadora es una inversión que, bien hecha, puede durar muchos años, por eso no conviene escatimar a la hora de comprarla. La lavadora más indicada a veces no es ni la más vistosa ni tampoco la que presenta un mejor diseño exterior. Lo importante está dentro. Debemos escoger aquellas que nos permitan realizar media carga, que posean sistema antiarrugas y, sobre todo, cuyas revoluciones por minuto a la hora de centrifugar sean las máximas. Las que tienen mayor aguante son las de carga frontal, aunque poseen el inconveniente de ocupar más espacio. La ventaja de estos modelos es que cargan más ropa y las hay incluso de hasta siete kilos.

Al respecto de las lavadoras que también son secadoras resultan útiles porque disponemos de un aparato menos en casa, pero tengamos presente que no pueden secar de una vez la misma cantidad de ropa que lavan y al final se ven sometidas a un doble uso; por eso lo recomendable es tener dos aparatos.»

Eugenio Martí
Asesor de consumo

cerrar la puerta, sino también para que el tambor de lavado gire correctamente. Por eso, bajo ningún concepto debemos llenar el tambor hasta los topes.

Otro aspecto que conviene tener en cuenta es que, más allá del color, debemos procurar no mezclar en una misma colada prendas muy sucias con otras que no lo están tanto. Esto es aplicable también para las prendas que son de composición muy distinta, como por ejemplo algodón o lana.

ALGUNOS TRUCOS DE INTERÉS

▸ Para evitar que encojan las prendas de seda, añadiremos al agua de lavar un poco de bicarbonato, alrededor de unos 25 gramos por litro de agua a usar. Para saber los litros medios de un lavado debemos consultar el manual de la lavadora.

▸ Para verificar que una prenda no destiñe, antes de introducirla en la lavadora la humedeceremos y pasaremos sobre ella un pañuelo de color blanco o un trozo de papel de cocina. En caso de ver que destiñe no tendremos más remedio que lavar la prenda por separado.

▸ Si deseamos blanquear las prendas de algodón, lo conseguiremos introduciendo en el tambor de lavar una bolsita que contenga pieles de limón.

Si seguimos los consejos anteriores, lavar no debería ser un problema, aunque a veces surgen pequeños inconvenientes, como por ejemplo que de pronto por la parte baja la lavadora parece estar escapándose agua. Antes de alarmarnos pensando que se ha averiado la bomba del agua, debemos verificar si lo que falla en realidad es el filtro de agua, que quizá esté sucio.

Otro de los fallos que suelen originarse es que más que una lavadora nuestro aparato parece una fábrica de espuma. Cuando suceda este hecho debemos, antes de nada, parar la lavadora y desconectarla de la red eléctrica. Después alteraremos el programa poniéndolo en posición de eliminar agua. Cuando haya salido toda el agua verteremos en el interior del tambor un vaso de vinagre y tras cerrar la puerta haremos que el bombo gire varias veces. La espuma habrá desaparecido.

Para evitar sustos o problemas mayores, debemos revisar el filtro cada mes y medio o dos meses, en función del número de lavados que podamos llegar a hacer en dicho tiempo.

SABER CÓMO Y QUÉ LAVAMOS

Pese a las indicaciones ya hechas a lo largo de este capítulo, no siempre es suficiente con establecer clasificaciones de prendas y atender a la información que nos da el etiquetado. Para obtener los mejores resultados debemos prestar atención al tipo de ropa que estamos limpiando, ya que muchas veces será necesario un trato personalizado, al menos si no queremos estropearla.

De esta forma las telas de algodón son las más agradecidas, ya que no suelen presentar problemas en el lavado. Sin embargo, sería recomendable lavarlas todas juntas siempre y cuando sus colores lo permitan. Dado que tanto mantelerías como servilletas suelen ser de algodón y son prendas que «sufren» todo tipo de manchas producidas por la comida, lo aconsejable es dejarlas en remojo si están muy sucias.

En función del tipo de manchas que presenten, debemos seguir otros procesos. Por ejemplo, para eliminar las manchas de vino debemos dejar la prenda en remojo durante toda la noche antes de lavarla. Si las manchas son de café, antes de poner la prenda a lavar debemos frotar el lugar manchado con un trapo embebido en zumo de limón, enjuagándolo luego con agua fría. En caso de que la mantelería o las servilletas estén manchadas de grasa, lo mejor es aplicar directamente en la zona unas gotas del detergente que utilizamos para limpiar las vajillas. Frotaremos ligeramente con la mano y después las introduciremos en la lavadora. Finalmente, si una noche romántica a la luz de las velas se ha visto empañada por la caída de una de las candelas que ha terminado manchando con su cera la mantelería, lo que debemos hacer es situar de inmediato sobre la cera todavía tibia un papel de cocina y al tiempo otro bajo el mantel. Después, para eliminar las partes más secas, tendremos que recurrir al alcohol de noventa grados. Finalmente, procederemos a lavar la prenda con agua caliente.

Otro de los aspectos a cuidar cuando efectuamos un lavado es el momento en que debemos tratar con prendas delicadas. Lo ideal es proceder a mano con agua tibia y frotarlas ligeramente con mucha delicadeza para no estropearlas. Debemos lavarlas siempre en pocas cantidades y procurar que no estén en remojo más de cinco minutos. Una vez lavadas, procederemos a vaciar el agua del recipiente en el que está la prenda, pero sin sacarla de él. Después la apretaremos para que elimine el agua. Una vez realizado este proceso, procederemos a llenar el recipiente con agua nueva y realizaremos el aclarado.

Las prendas delicadas deben ponerse a secar con mucho cuidado. Para empezar, debemos situarlas sobre una toalla para que recoja su humedad, después las envolveremos con ella para acabar de eliminar los restos de humedad y finalmente las podremos poner a secar situándolas sobre otra toalla que esté seca.

En el caso de las prendas de lana, siempre debemos tener presente que no es aconsejable lavarlas a más de 35 grados y con un producto especial. Cuando lavemos lana nunca debemos apretar o retorcer la prenda. Finalizado el lavado, debemos hacer un aclarado con agua igual de tibia que la del lavado. Si decidimos lavar lana con lavadora debemos tener presente que se producirá un mayor desgaste, por lo que, en primer lugar, pondremos un programa delicado y lo más corto posible. En segundo lugar vigilaremos que la temperatura sea a los mencionados 35 grados.

LOGRAR LOS MEJORES RESULTADOS CON LIMPIEZAS ESPECÍFICAS

Quizá unas de las prendas de ropa que más trabajo nos dan sean las camisas. Lograr unos puños y cuellos perfectos no sólo es cuestión de

LA VENTAJA DE LA ROPA EN REMOJO

En ocasiones, cuando la ropa está muy sucia, la lavadora no es suficiente y es preciso echarle una mano poniendo la ropa en remojo, lo cual ablandará la suciedad. Después, en el lavado, culminaremos el proceso con éxito, aunque debemos tener en cuenta algunas normas:

▶ No debemos dejar en remojo las prendas de lana porque podremos estropearlas o encogerlas más de la cuenta.

▶ Si dejamos la ropa en remojo y el detergente es muy fuerte, puede causar manchas.

▶ El agua en que ponemos las prendas en remojo debe ser tibia, es decir, alrededor de 40 grados.

▶ Nunca mezclaremos la ropa de color, menos aún si es negra, con la blanca o delicada.

lavadora, sino muchas veces de preparar adecuadamente la prenda. Lo mejor es frotar ligeramente los cuellos antes de ponerlos a lavar. Por lo que se refiere a los puños, es ideal depositar en ellos unas gotas de jabón líquido y, con un par de dedos, frotar directamente para que el jabón se expanda. Después podremos llevar la pieza a lavar. Si observamos que las camisas o blusas amarillean y pierden su reluciente color blanco, debemos dejarlas en remojo con unas gotas de agua oxigenada.

Otro aspecto que conviene conocer sobre la colada es lo referente a los pantalones tejanos. En primer lugar no siempre tienen una calidad óptima y acaban descoloridos antes de una hora tras un primer lavado, especialmente si son negros. De entrada, para evitar que destiñan, siempre los lavaremos del revés, pero antes de hacer esta operación es aconsejable dejarlos sumergidos en agua salada por espacio de unas doce horas. De igual forma, para que el color nos dure más tiempo debemos añadir un poco de sal al detergente que utilicemos. Lo ideal por una cazoleta de detergente es una cucharadita de sal.

Por lo que se refiere a otras prendas tendremos en cuenta estas consideraciones: los impermeables y gabardinas deben lavarse con agua muy jabonosa en el interior de la bañera. Limpiaremos los restos de grasa de las corbatas aplicando un poco de polvo de talco en la zona afectada. Los edredones en la lavadora no se apelmazarán si en el bombo introducimos un par de pelotas de tenis. Y los visillos de

ALGUNOS CONSEJOS MUY INTERESANTES

▸ Para lograr esponjosidad en las prendas de cachemir debemos aplicar al lavado una cucharada de bicarbonato.

▸ Si una prenda encoge, debemos ponerla en remojo con medio litro de suavizante y cuatro litros de agua.

▸ Para obtener buenos resultados lavando prendas de seda procuraremos que el agua no supere los 35 grados y en el último enjuague incluiremos unas gotas de amoniaco.

▸ Para lograr que la seda conserve su brillo y color, debemos aplicar un poco de zumo de limón al lavado. Si se trata de prendas negras, podemos lograr que mantengan más tiempo su color incluyendo un poco de infusión de té negro en el agua de lavar.

▸ Podemos limpiar las prendas de terciopelo de forma periódica con una esponja embebida ligeramente en alcohol.

▸ La ropa blanca quedará más blanca si la lavamos con agua en la que hayamos hervido patatas. Si no queremos que lo blanco acabe amarilleando, deberemos añadir al agua del aclarado una cucharada de té de aguarrás y dos cucharadas de alcohol de 90 grados.

la cocina no se pondrán amarillos si añadimos en el agua del lavado un poco de levadura.

SECAR Y TENDER LA ROPA

El secado de la ropa se centra en dos aspectos esenciales: por una parte que a la hora de tenderla al sol lo hagamos de forma correcta y, por otra, que si utilizamos secadora lo hagamos sabiendo que estamos siguiendo todas las instrucciones del fabricante de una forma óptima.

Comenzando por tender la ropa, que en definitiva es el método más utilizado, debemos saber que hacerlo bien dependerá de no dejar que pase más tiempo del recomendable en el interior de la lavadora una vez hemos hecho la colada. Otro aspecto a considerar es el orden. Lo ideal no es ir colocando en el tendedero las prendas tal cual las vayamos encontrando, sino tenderlas de forma ordenada, esto es, agrupándolas por zonas. Otros aspectos a considerar son:

▸ Tender las camisas, e incluso jerséis cuyo cuello lo permita, directamente en una percha nos ayudará en el planchado.

▸ Si a la hora de tender la ropa evitamos que nos quede arrugada o doblada, cuando planchemos tendremos menos trabajo.

▸ Cuando extendamos las prendas sobre el tendedero debemos estirarlas un poco para que pierdan la rigidez clásica de un fuerte centrifugado.

▸ Si no tenemos más remedio que tender la ropa en muy poco espacio, es decir, si sólo disponemos por ejemplo de un par de cuerdas, no tendremos más remedio que intentar colgar la ropa de forma transversal entre las dos. Si con ello no es suficiente, un lugar, en este caso interior en el que colgar la ropa, será en la barra de la cortina de la bañera o ducha.

‣ Si carecemos de la rapidez de la secadora eléctrica, podemos realizar una sencilla pero efectiva improvisación para secar muy rápido. Debemos escurrir la prenda al máximo y después proceder a introducirla en una bolsa de plástico que tenga cierta consistencia. Acto seguido aplicaremos el aire caliente del secador en el interior de la bolsa.

SECANDO A MÁQUINA

Cada vez más, las secadoras forman parte de nuestra vida. De entrada debemos saber que no todas las prendas las admiten y que si bien son mucho más cómodas que el secado tradicional, puesto que nos ahorramos el tiempo de tender la ropa y recogerla, una secadora no siempre resulta efectiva. Para empezar, la ropa se desgasta mucho más y tiende a encoger. Los usuarios habituales de secadora saben perfectamente que en la mayoría de los casos, cuando adquieren una prenda de vestir, deben comprar una talla más, ya que tras el primer secado suele reducirse al menos una talla.

Dicho lo anterior, todo lo demás parecen ventajas. Veamos si realmente es así:

‣ La secadora sólo resultará útil cuando nuestra lavadora sea capaz de centrifugar a unas 900 revoluciones por minuto, de manera que la ropa ya queda muy seca al sacarla del tambor. En caso de revoluciones de centrifugado mucho menores, debemos comprar una secadora mucho más potente.

‣ Para que la ropa recién secada salga más perfumada y esponjosa, debemos introducir junto a las prendas a secar un paño limpio que habremos empapado con agua y suavizante. Tras escurrirlo ligeramente, lo pondremos junto a las prendas para secar.

Nota: Deberíamos saber que la secadora no resulta aconsejable con las prendas de lana y tampoco con aquellas que son extremadamente finas o delicadas, ya que quedarán tan arrugadas que resultará muy difícil plancharlas.

LA PLANCHA: ¿ALIADA O ENEMIGA?

La pregunta que encabeza este apartado ha sido formulada por muchas personas, especialmente por quienes ni saben planchar, ni les gusta, ni tampoco poseen una plancha adecuada. Este último punto es muy revelador, pues será muy difícil lograr buenos resultados si nuestra plancha es más un juguete que un electrodoméstico.

Una buena plancha debe ser un poco pesada, alrededor de un kilo. Es cierto que podemos encontrar planchas de alrededor de 300 gramos, pero su efectividad es también ligera. La suela de la plancha debe ser lisa y deslizante pero, cuidado, a veces las que brillan más se envejecen antes.

Lo ideal es una plancha a vapor que contenga un depósito de agua transparente o con un nivel bien visible y que al margen tenga la posibilidad de generar un golpe de vapor adicional al que surge por los orificios de la base.

A la hora de planchar puede que nos encontremos con algunos inconvenientes, por ejemplo éstos:

▸ La base de la plancha está sucia. Debemos limpiarla poniendo en marcha la plancha a una temperatura suave, acto seguido frotaremos en ella el cabo de una vela y después con un paño suave retiraremos los restos de cera.

▸ Para eliminar los restos de cal del depósito u orificios de la plancha, debemos calentarla y hacer que el vapor salga de golpe varias veces.

▸ Otro remedio para la limpieza de la suela de la plancha será frotar la base con una mezcla de sal y vinagre. En caso de que esté muy sucia dejaremos la plancha en marcha durante una hora sobre un trapo humedecido en vinagre.

La mejor forma de planchar es hacerlo relajadamente en una posición correcta, sin inclinar en exceso la espalda hacia la tabla de planchar. Eso sí, con anterioridad debemos repasar la ropa, verificando que no falte ningún botón o que haya algún descosido. De igual manera comprobaremos que la prenda no posee manchas, ya que si la planchamos será imposible de eliminar. En caso de que tengamos que planchar prendas muy secas, lo mejor es humedecerlas ligeramente y enroscarlas sobre sí mismas, pero sin apretarlas.

Debemos planchar las prendas de una forma uniforme y siempre situando el regulador de temperatura a la más correcta para cada prenda. Plancharemos sólo cuando la temperatura deseada haya sido alcanzada y no guardaremos la ropa en caliente, ya que podría quedar arrugada o con marcas poco deseables. Lo adecuado es planchar las prendas de ropa del revés para evitar un desgaste mayor.

¿QUÉ HAY QUE PLANCHAR?

Como veremos seguidamente, no todas las prendas pueden plancharse de igual manera. Debemos tener en consideración, al margen de su etiqueta, las singularidades de cada una.

▸ Si debemos planchar una prenda dura o rebelde, lo mejor será colocar sobre la tabla de planchar una tira de papel de aluminio y sobre él colocaremos la prenda. Acto seguido cubriremos la prenda con un paño fino humedecido en agua y amoniaco.

▸ Para las prendas de punto, después del planchado lo ideal es que las situemos en un colgador y que las guardemos sólo cuando esté evaporada totalmente la posible humedad condensada en las costuras.

▸ Para planchar algodón con una plancha de vapor debemos evitar que la ropa se humedezca y utilizaremos el vaporizador a la máxima potencia.

▸ El mejor sistema para planchar las camisas y blusas es comenzar por no arrugarlas en exceso en el centrifugado de la lavadora. Después las colgaremos en una percha y a la hora de plancharlas las pulverizaremos ligeramente con agua. Debemos comenzar a planchar por las zonas más pequeñas, como cuello y puños, pasando después a las mangas y finalmente al resto del cuerpo de la prenda.

▸ La mejor forma de planchar la lana es hacerlo por la parte del interior y poniendo entre la plancha y la ropa un paño húmedo. Lo adecuado es planchar con normalidad pero dejar que la prenda vaya «respirando», para lo que deberemos hacer algunas pausas en el proceso de planchado.

▸ Si tenemos que planchar nailon o poliéster, la prenda tiene que estar muy seca y la temperatura de la plancha muy baja.

▸ Lo correcto para proceder a planchar seda es cuando esté húmeda. Debemos plancharla al revés y con la plancha tibia; es decir, poco caliente.

▸ Si tenemos que planchar plisados, primero los colocaremos en la posición adecuada en que deben quedar y después iremos pasando la plancha por cada uno de ellos.

▸ La mejor forma y la más cómoda para planchar los pantalones es colocar un pedazo de papel de embalar entre la prenda y la plancha, ya que de esta forma los pliegues de los pantalones durarán más tiempo. Lo primero que debemos planchar de los pantalones serán los bolsillos, luego la cintura del derecho y del revés. A continuación, cada una de las perneras, luego se procederá a hacer la raya y por último se unirán las perneras para dar un planchado de repaso.

LA LIMPIEZA DE LOS CUARTOS
DE BAÑO Y ASEOS

Ya hemos visto en la primera parte de esta obra la importancia que tendrán tanto los aseos como cuartos de baño en el hogar. Recordemos que consideramos que una casa está saneada e higiénica cuando sus baños y aseos se encuentran en óptimas condiciones de higiene y limpieza.

Pero la limpieza de un baño no pasa sólo por el uso de productos que acaben con la suciedad, sino por el orden. Nos permitimos insistir en este punto, ya que suele ser la desorganización uno de los aspectos más negros de estas estancias. Así, al margen de limpiar, higienizar y ventilar, el baño siempre debe estar «a punto para la foto».

Evitaremos prendas de ropa tiradas por el suelo o fuera del cesto de lavar, si es que el baño es el lugar de su ubicación. Evitaremos también acumular envases y cajas de productos de higiene personal o embellecimiento y, por supuesto, reduciremos al máximo los contenidos de las estanterías.

Ultimadas las cuestiones anteriores, procederemos a la limpieza tradicional. Respecto a esto, ya hemos indicado en el apartado destinado a la cocina cómo podemos limpiar e higienizar los azulejos que, sin duda, también formarán parte de las paredes de nuestros baños. Sin embargo, todavía nos quedarán otros aspectos que resaltamos seguidamente.

Así, el mejor sistema para higienizar tanto las cortinas de baño como mamparas será mantener un escrupuloso orden de limpieza. La cortina de baño podemos limpiarla directamente en la bañera o ducha y, si su textura lo permite, recurriremos a la lavadora, aunque en este caso a una temperatura baja y sin centrifugado para evitar posibles grietas o roturas.

En caso de recurrir a la ducha o bañera, debemos utilizar un jabón normal y, al finalizar, realizaremos un aclarado que incorporará un poco de agua oxigenada. Lo correcto será utilizar un barreño con un litro de agua y una taza de agua oxigenada que habremos diluido en él.

Otro sistema muy efectivo para la limpieza de las cortinas será recurrir a la sal. Para ello las dejaremos en remojo en la bañera introduciendo medio kilo de sal por cada diez litros de agua. Un sistema para eliminar las manchas o adherencias indeseables será aplicando un poco de zumo de limón en un cepillo pequeño y frotando en sentido circular.

El mejor remedio para las mamparas de baño será aplicar agua jabonosa y tras aclarar realizar un repaso con un poco de agua en la que habremos incorporado el zumo de un limón.

Algunos trucos que nos ayudarán:

▸ Para evitar que la cortina de baño presente manchas o se resquebraje, procederemos al secado de sus bordes tras cada uso de la ducha o bañera.

▸ El mejor método para evitar que la suciedad se adhiera a las mamparas de baño será aplicarles una capa de cera para coches, ya que de esta manera los residuos del jabón de baño no quedarán pegados a la mampara.

▸ Si las cortinas de baño presentan moho, debemos dejarlas en remojo en un recipiente lleno de leche. Dejaremos pasar una hora y después aclararemos con abundante agua.

▸ La mejor forma de que las cortinas de baño se conserven más tiempo es que no estén replegadas o retiradas en un lado de la ducha o bañera. Además, de esta forma se secarán mucho antes después de cada uso.

ASEANDO LOS ELEMENTOS DE BAÑO

Los elementos que componen el cuarto de baño deberían estar siempre impolutos. Esas bañeras o duchas que siempre tienen restos de humedad o vello adheridos en sus paredes, suelo o desagües; esos lavamanos que nos muestran el descuido de sus usuarios o aquel inodoro que todavía está esperando, tras muchos meses, a conocer la escobilla, pueden ser algunos ejemplos de lo desagradable.

La mejor manera de dejar los sanitarios como nuevos es preparar una mezcla de bórax con zumo de limón. Debemos remover la mezcla hasta que logremos una pasta de cierta consistencia. Acto seguido, depositaremos la pasta en un recipiente adecuado en el que introduciremos una escobilla o cepillo de mango largo. Después procederemos de la siguiente forma:

1. Levantaremos ambas tapas del inodoro y procederemos a tirar de la cadena un par de veces.

2. Con la ayuda del cepillo comenzaremos a aplicar la pasta por todos los rincones del inodoro. Procuraremos que quede bien extendida por todas las paredes.

3. Dejaremos que pasen un par de horas y tiraremos de la cadena una sola vez. Después, con un cepillo limpio procederemos a dar lustre. Cuando hayamos terminado volveremos otra vez a tirar de la cadena.

El sistema anterior de limpieza resultará igual de efectivo en el bidé y lavabo, ya que esta pasta da brillo y esplendor a los sanitarios en general.

Si al margen de lo anterior observamos que la taza del váter está excesivamente sucia y presenta manchas que se nos antojan rebeldes, podremos eliminarlas espolvoreando por el interior del inodoro (estando seco) un poco de levadura química que debemos dejar actuar unos diez minutos. Pasado este tiempo, procederemos a tirar de la cadena.

Continuando con los sanitarios y centrándonos concretamente en el lavamanos y ducha o bañera, si el agua de la casa es dura (que posee mucha cal) lo mejor será recurrir a un detergente que incorpore un antical. Un sistema casero para eliminar la cal será aplicar de forma directa en los lugares más afectados un chorrito de agua oxigenada.

Recordemos que la mejor forma de limpiar la bañera será aprovechando la circunstancia del baño o ducha para limpiarla. De esta manera, ya que está mojada y estamos en dicho lugar, seguramente nos dará menos pereza ponernos manos a la obra para dejarla como el lugar merece.

Una vez hayamos terminado la ducha o baño, debemos coger el teléfono de la ducha y comenzar a pasarlo por todos y cada uno de los rincones de la bañera para eliminar los restos de jabón, pelos, etcétera. Acto seguido, y con la ayuda de un cepillo, repasaremos, aplicando agua al mismo tiempo que cepillamos, los rincones menos accesibles de la grifería. Observaremos que el desagüe esté bien limpio y en caso contrario retiraremos cualquier resto de suciedad que pueda quedar.

Al acabar con el sistema de limpieza anterior, procederemos a tirar de forma espolvoreada por las paredes y fondo de la bañera unos puñados de sal fina. Dejaremos actuar un par de minutos y luego pasaremos agua. Finalizado este proceso, efectuaremos el secado de todo el recinto.

▸ Si observamos manchas de óxido en la bañera, podremos eliminarlas con la ayuda de un cepillo humedecido en agua y zumo de limón.

▸ La mejor forma de limpiar las jaboneras y rincones es con la ayuda de un cepillo viejo, ya sea de dientes o uñas.

▸ Un sistema muy efectivo para evitar desorden en la bañera y, por ende, restos de suciedad, es utilizar dosificadores en lugar de tener todo un muestrario de envases de productos de belleza e higiene.

▸ El mejor método para quitar la cal del teléfono de la ducha o bañera es desenroscarlo del cable al que está unido y ponerlo a hervir con agua y vinagre durante unos diez minutos.

▸ Un buen remedio para tener las cañerías y desagües siempre a punto es tirar, al menos un par de veces por semana, un buen chorro de amoniaco en cada desagüe. Lo aconsejable es realizar esta operación al acostarnos, ya que así, al no correr el agua, hará efecto toda la noche.

UN REPASO GENERAL

Recordemos lo necesario que es tener el baño a punto, por eso darle un repaso general de forma diaria será muy beneficioso. Tenemos que barrerlo y fregarlo con mucha frecuencia, pues es un lugar con predisposición a tener gérmenes.

Debemos limpiar a fondo el baño al menos un par de veces por semana, lavando y puliendo tanto el lavamanos como el bidé y la ducha o bañera cada día.

Haremos lo posible por mantener el recinto del baño y aseo bien aireado y ventilado. En este sentido debemos tener siempre las puertas cerradas y las ventanas abiertas, y ayudarnos de una serie de ambientadores como complemento a la creación de un buen ambiente. Es aconsejable instalar tras la puerta de entrada un ambientador de presión que al abrir o cerrar la puerta efectúe una vaporización fragante. También es recomendable que tengamos un desodorizante en la taza del inodoro de manera que cada vez que tiremos de la cadena genere un aroma gratificante. Por supuesto, lo ideal es que ambos ambientadores sean de la misma gama aromática o fragancia.

11

SALONES, ESTANCIAS Y DORMITORIOS

Desde un punto de vista general, tanto los salones y comedores como los dormitorios y salas que utilizamos como despachos o lugares de estudio, parecen muy fáciles de limpiar y mantener. Es cierto, pero no debemos dejarnos llevar por la ilusión de pensar que no nos tocará hacer nada en ellos.

Como siempre, al margen de la limpieza imprescindible, todo resultará más o menos complejo en función del orden y la cantidad de cosas que haya en cada uno de estos lugares. Por ejemplo, será mucho mas fácil de limpiar una habitación cuya única función es la de dormitorio que aquella otra en la que, además, se estudia o incluso se trabaja.

Para todos los casos seguiremos las normas de limpieza e higiene que ya hemos ido describiendo en capítulos precedentes, aunque como veremos seguidamente habrá bastantes otros elementos sobre los que trabajar.

EL SALÓN: CENTRO DE REUNIÓN

En el salón nos reunimos con la familia y los amigos, nos relajamos escuchando un poco de música, nos entretenemos leyendo un libro o viendo la televisión, etc. Es un lugar de ocio privado o compartido y, por tanto, el ambiente debe permitir todas esas y otras muchas actividades.

Cuando el salón es a la vez comedor, lo recomendable es la creación de dos ambientes separados, por lo que en una zona de la estancia colocaremos el mobiliario preciso para el comedor, como la mesa, sillas y bufete, y en otra zona nos ocuparemos de situar el sofá y/o los sillones, el mueble de la televisión y/o cadena musical, así como la biblioteca. Esta diferenciación de ambientes nos servirá para no tener la sensación de que el salón es un centro continuo de operaciones como sucede con la cocina y, a la vez, nos permitirá mantener un orden y equilibrio entre sus elementos. De esta forma, la zona del comedor deberá higienizarse y limpiarse con mucha más frecuencia, como hacíamos con la cocina y, en cambio, la otra parte no.

EL SOFÁ: TRONO PARA EL DESCANSO

Las telas y tapizados que conforman el sofá suelen ser unos de los más preparados para el uso diario, pero también los que más lo padecen. Si no limpiamos con cierta frecuencia y con la delicadeza que sería necesaria, nuestro trono de la comodidad que es el sofá y los sillones pueden acabar siendo poco menos que un lugar para depositar nuestro cuerpo. Y poco más.

En la actualidad, la gran mayoría de las telas que tapizan los sofás salen de fábrica con una serie de tratamientos químicos que además de repeler la suciedad y las manchas facilitan la limpieza. Por ello, antes de pasar a la acción limpiadora siempre debemos consultar y leer las normas que aconseja el fabricante.

▸ Si nuestro sofá o sillón poseen una funda, aprovecharemos para ponerla en la lavadora cada quince días.

▸ Debemos pasar el aspirador por los sofás y sillones al menos una vez por semana y proceder a la limpieza en seco y con espuma de toda la tapicería por lo menos cada dos meses.

▸ En caso de que por accidente algo caiga en el sofá, las manchas deberán tratarse de inmediato, porque de lo contrario la suciedad penetrará en las fibras y resultará muy complejo eliminarla.

Al respecto de las manchas, hay muchos métodos para poder eliminarlas, siempre dependiendo de su naturaleza. De entrada, sepamos que lo ideal siempre es enjuagar la mancha con un paño y agua, haciéndolo desde los bordes de la misma y en dirección al centro. Después, si la tela lo permite, debemos aplicar un poco de bicarbonato y detergente en polvo. Finalmente, pasados unos minutos, frotaremos con un trapo.

Si las manchas son de grasa, lo mejor será recurrir a un absorbente como polvos de talco o sal. Debemos dejar actuar estos ingredientes durante una media hora para después retirarlos con un paño ligeramente humedecido. En caso que la mancha sea de café o chocolate, debemos mezclar una parte de agua oxigenada por cada cuatro de agua normal. Si la mancha se nos antoja rebelde, debemos aplicar una gota de amoniaco. El mejor remedio para

SOFÁS DE PIEL O CUERO

El mejor sistema para mantener estas piezas en un perfecto estado de conservación es quitarles el polvo con un paño seco y después simplemente limpiar con agua y un jabón especial para cuero o piel que encontraremos en establecimientos especializados, como zapaterías o droguerías. Para sacar brillo de estas superficies debemos, una vez seco el sofá o sillón, frotar con un paño seco de lana o algodón.

▸ Si la piel o cuero presentan grietas debemos emplear jabón de glicerina para oscurecerlas. También con una cierta prudencia podemos emplear betún.

▸ Dado que con el paso del tiempo los colores empiezan a perder intensidad, lo mejor será potenciarlos con productos naturales. Si nuestro sofá o sillón es de tonos claros, debemos extender por la superficie claras de huevo batidas a punto de nieve. Pasados un par de minutos, abrillantaremos con un paño de lana. En caso de que el sofá sea de tono oscuro, aplicaremos polvos de talco y luego frotaremos con un trapo de franela. Después, mezclaremos dos partes de aguarrás con una de cera. Aplicaremos una capa muy fina y abrillantaremos con un trapo de lana.

eliminar las manchas de las rozaduras, ya sean de la cabecera o de los brazos, es aplicar localmente, y con la ayuda de un trapo, clara de huevo batida a punto de nieve. Después aclararemos con un paño húmedo.

UN CLÁSICO: LAS ALFOMBRAS

Las alfombras de todo tipo, color y condición, no sólo son un clásico en el salón, ya que podemos disponer de ellas en habitaciones, salas de estudio e incluso baños. Claro que, sin lugar a dudas, la que más presencia acostumbra a tener es la de la sala principal del domicilio. Para alargar la vida útil y mantener el buen aspecto de nuestra alfombra, es necesario brindarle una serie de cuidados rápidos, sencillos, que beneficiarán nuestra economía. Para ello podemos tener en cuenta unas recomendaciones que nos servirán en general para todas las alfombras de la casa:

‣ La suciedad diaria debe ser extraída por la aspiradora con la mayor frecuencia posible, dado que la acumulación de residuos y polvo sobre la alfombra desluce su aspecto y aumenta la abrasión.

‣ Para conservarla en perfecto estado, se recomienda un lavado profesional una vez al año, rehuyendo que en la limpieza se utilicen productos químicos o excesivamente abrasivos.

‣ En caso de manchas, debido a que siempre se producen en los lugares más expuestos, deben limpiarse, teniendo en cuenta el tipo de mancha en el momento de producirse, con paños limpios y detergentes neutros.

No todas las alfombras se usan todo el año. Lo normal es retirarlas cuando llega el buen tiempo, ya que su presencia nos daría un exceso de calor. Cuando debamos guardar la alfombra, siempre después de tratarla y lavarla convenientemente, procuraremos dejarla enrollada y cubierta por el dorso con papeles de periódico, ya que el olor de la tinta nos ayudará a mantener las polillas a distancia. No estará de más, al margen de con el periódico, que cubramos la alfombra con un plástico que podamos cerrar y añadir en su interior unas bolas de naftalina.

LOS OBJETOS DECORATIVOS

Tanto en el salón como en el resto de la casa disponemos de un buen número de objetos decorativos que formarán parte de nuestra vida y cuyo cuidado, a veces por el excesivo número de piezas, se nos antoja complejo.

Lo mejor a la hora de limpiar las piezas es agruparlas por «normales», es decir, las que son de materiales que no ofrecen ningún problema a la hora de la limpieza, y por «especiales», aquellas que requieren una atención más cuidada. Veremos seguidamente cómo limpiar y mantener la mayoría de los objetos en función de su material:

▸ Si queremos reavivar el brillo y color de la plata, podemos recurrir a productos específicos o a métodos caseros, como por ejemplo el bicarbonato. Aplicado directamente con la mano y frotado ligeramente sobre la pieza de plata, eliminará la suciedad y embellecerá notablemente el objeto.

▸ Otro sistema curioso y muy efectivo para limpiar plata es recurrir a algo tan simple como un yogur. Para ello debemos mojarla con este rico postre y frotarlo con un algodón. En caso de que la pieza de plata esté labrada, lo mejor será cepillarla y acto seguido aplicarle un poco de harina que frotaremos cuidadosamente con un trapo de franela.

▸ Para limpiar piezas o elementos de cobre y lograr que se mantenga ese tono de color tan atractivo, debemos aplicar directamente un poco de zumo de limón o en su defecto frotarlo con hojas de col fresca. En caso de que el cobre esté muy sucio, debemos sumergirlo en vinagre hirviendo con sal marina. La proporción será de dos cucharadas soperas de sal por cada litro de vinagre. Al sacarlo del líquido lo frotaremos con un paño de lana.

▸ En caso de que la limpieza deba practicarse en piezas que contengan acero inoxidable, nos quedarán perfectas si hacemos una pasta con aceite de oliva al que le añadiremos ceniza de cigarrillo u hollín de la chimenea o barbacoa. Tras frotar la pasta de forma enérgica, procederemos a aclarar y secar con un paño.

▸ Tanto en la decoración como en muchos de los muebles encontraremos detalles dorados, ya sea en pomos de puertas o asas de cajones, en lámparas, etc. La mejor forma de limpiarlos será frotando la pieza con un paño que habremos humedecido en amoniaco y agua a partes iguales. Tras la limpieza debemos secar con un trapo de lana.

MOBILIARIO SIEMPRE A PUNTO

Nuevamente estamos ante elementos que pueden resultar comunes tanto en el salón como en los dormitorios y en otros

LIMPIANDO ELEMENTOS NOBLES

Tener una buena pieza en la casa y no saber cómo limpiarla es poco menos que una falta bastante grave, ya que al no cuidarla bien estaremos desmereciendo su belleza. Lo malo es que, como son piezas poco abundantes, muchas veces nos olvidamos de ellas en lo que a limpieza se refiere, y al final intentamos lustrarlas con cualquier cosa. Tomemos nota de algunos procesos indispensables.

Si disponemos de alguna figura de bronce, la mejor forma de limpiarla es con agua y jabón aplicando una esponja. Si la figura está labrada, deberemos trabajar con un cepillo. Para obtener los mejores resultados prepararemos una mezcla de pimentón y vinagre a partes iguales, después aplicaremos la pasta a la pieza y limpiaremos con un cepillo de cierta dureza.

Si la pieza es de estaño, la frotaremos con yeso aplicado sobre un corcho con movimientos circulares. Después pasaremos un trapo de franela. En el caso que el objeto a limpiar sea de carey, debemos poner en un vaso de agua diez gotas de álcali y una cucharadita de bicarbonato. Luego frotaremos el objeto con un algodón humedecido en este preparado. Finalmente, si el objeto a limpiar es de marfil, debemos limpiarlo con alcohol de quemar, pasando un trapo de cierta dureza por la pieza.

lugares de la casa. Sin embargo, si bien debemos cuidar la higiene de todos los muebles por igual, recordemos que los del salón siempre tienden a ser más ostentosos y, por tanto, puede que nos den algo más de trabajo o, al menos, que sea necesario emplearnos más a fondo con ellos.

En general, con un buen limpiador de muebles será más que suficiente para atender todas las necesidades del hogar. Sin embargo, si queremos limpiar la madera de una forma más deslumbrante, mezclaremos aceite de oliva con petróleo y pasaremos dicha solución con un trapo suave. Los resultados no se harán esperar.

Los muebles de madera pueden embellecerse también mediante la aplicación de cera. Si queremos que la nuestra sea una cera protectora de origen casero, podemos prepararla mezclando dos partes de aceite con cuatro de vinagre y tres de esencia de trementina o aguarrás. Recordemos que la mejor forma de aplicar la cera será mediante un algodón o un paño de lana.

Si lo nuestro, especialmente en terrazas o jardines, pero también en salas de lectura, son los muebles de mimbre trenzado, tendremos presente que la eliminación del polvo deberá ser sistemática y nos veremos obligados a hacer uso de un buen aspirador con bastante frecuencia. Una vez eliminado el polvo, debemos lavar los muebles con agua caliente en la que habremos diluido sal, al menos cinco cucharadas por cada litro de agua. Pasaremos el paño humedecido en la mencionada solución con vigor y energía y después dejaremos secar todo al aire, pero nunca al sol, puesto que podrían quedar manchas. Algunas otras tipologías de muebles y cuidados son:

▸ Para el nogal lo mejor es frotar el mueble con un trapo empapado en leche.

▸ Si el mueble es de encina, debemos limpiarlo con un paño en el que aplicaremos cerveza caliente.

CUIDANDO EL MOBILIARIO TECNOLÓGICO

En todo salón que se precie hallaremos, con mayor o menor profusión, un buen número de elementos vinculados con las llamadas artes audiovisuales, es decir, películas de vídeo o DVD, discos, cintas de casete, etc., al margen de sus correspondientes reproductores, como serán la tele, el equipo de música, el vídeo, etcétera.

La televisión es uno de los elementos que más fácilmente atrae polvo, ya que, como sucede con las pantallas de los ordenadores, genera un campo magnético que lo atrapa prácticamente todo. El mejor sistema para que la pantalla quede bien limpia, es aplicar sobre el cristal un trapo en el que habremos aplicado unas gotas de alcohol. Otro sistema será limpiarla con un paño mojado en unas gotas de limón.

Para obtener una buena limpieza del equipo musical, así como de los reproductores de vídeo o DVD, debemos llevar cuidado, ya que la gran mayoría de materiales que los componen son plásticos. En este caso debemos aplicar un limpiador de muebles universal y si la suciedad es mucha, utilizaremos un paño humedecido en agua diluida en alcohol.

Por lo que se refiere a los soportes de información como casetes, cintas de vídeo, compactos, etc., lo mejor es preservarlos de la humedad y alejarlos de las fuentes magnéticas que podrían deteriorar parte de la información, sobre todo aquella que está grabada en cinta magnética. Debemos desestimar inventos raros para limpiar estos soportes, y lo mejor será comprar cintas o compactos limpiadores que incorporan todo lo que el aparato reproductor puede necesitar para mantener su estado original durante el mayor tiempo posible.

En el caso de los mandos a distancia, que suelen ensuciarse no sólo de polvo, sino de la misma grasa de las manos (incluso suponiendo que los utilizamos con las manos bien limpias), debemos proceder a su limpieza exterior con alcohol de quemar y algodón. Si pese a esta higienización vemos que hay ciertas teclas que no funcionan, no tendremos más remedio que abrir el dispositivo y, tras limpiar y extraer la placa de goma de los botones, procederemos a aplicar un algodón humedecido en alcohol sobre la placa base sobre la que actúan éstos.

UNA TEMPERATURA SIEMPRE ADECUADA

Al margen de que en nuestro salón podamos tener la suerte de disfrutar de una chimenea que, al margen de calor, nos ofrecerá una imagen confortable que contemplar, lo cierto es que cada vez es más habitual controlar el clima en el hogar mediante las estufas y aires acondicionados. Tanto si se trata de un salón como de una habitación, estos elementos deben ser higienizados periódicamente. En primer lugar, para lograr un correcto funcionamiento y después para evitar males mayores, como las enfermedades que nos pueden transmitir a través de sus filtros sucios.

En el caso de las chimeneas, el mantenimiento es bastante mínimo. Basta con que sepamos que quemar de cuando en cuando unas mondas de patata beneficiará al tiro y lo mantendrá siempre limpio. Otro sistema será recurrir a unos cartuchos disipadores que podemos encontrar en las tiendas especializadas y que, al ser instalados en la base de la chimenea, producen un humo que elimina la grasa y lógicamente beneficia a la correcta ventilación.

El mantenimiento de la chimenea es fácil. No debemos apagar las brasas tirando agua, pues generará mal olor. Si prendemos un fuego, debemos dejar que se consuma por sí solo. Recordemos que con el hollín podremos limpiar la plata.

Para limpiar el interior de la chimenea, en primer lugar debemos retirar los restos de hollín con la ayuda de unas mondas de patata, y después podremos pasar un trapo humedecido en agua en la que habremos diluido sal fina.

▸ Si nuestra chimenea es de piedra, debemos lavarla con agua hirviendo en la que habremos introducido jabón. La proporción adecuada es de cien gramos de jabón por cada litro de agua. Cuando haya terminado la ebullición añadiremos un chorrito de amoniaco al líquido y procederemos a aplicarlo a la chimenea con un cepillo de cerdas duras.

▸ Si tenemos una chimenea de ladrillo, una vez eliminado el máximo de hollín con el método ya descrito, procederemos a cepillarlo simplemente con agua caliente en la que habremos diluido unas gotas de agua caliente. Lo normal será una cucharadita de café por cada medio litro de agua.

Para limpiar los radiadores de la calefacción comenzaremos por situar tras cada radiador un paño bien humedecido. Acto seguido, con el secador de mano, aplicaremos aire frío sobre el radiador. De esta manera el polvo saldrá disparado en dirección al paño humedecido, que lo retendrá. El siguiente paso consistirá en limpiar a mano toda la superficie del radiador mojando un trapo con agua jabonosa.

▸ Si disponemos de estufas de butano, siempre debemos usarlas en lugares ventilados, puesto que al funcionar mediante combustión reducen los niveles de oxígeno. La mejor forma de limpiar su rejilla, que tiende a acumular polvo, será pasando por ella un secador de pelo para eliminar el polvo y, después, aplicar un trapo humedecido.

Pasemos al frío (aunque nuestros aparatos de aire acondicionado también pueden generar calor). La limpieza y el mantenimiento del equipo garantizan un correcto funcionamiento y aseguran una larga vida para el aire acondicionado. De entrada, debemos mantener lo más limpia posible la unidad exterior, verificando que los paneles de ventilación no están obstruidos. Acto seguido, tenemos que limpiar con frecuencia las rejillas por donde sale el aire, porque pueden ser un foco continuo de expulsión de polvo.

Otro aspecto muy importante es la limpieza de los filtros de aire. Lo ideal sería sustituirlos una vez al año y limpiarlos cada quince días con una solución de agua y jabón. En caso de que tengamos aire acondicionado y, por tanto, sólo lo utilicemos en los meses más calurosos, deberíamos conectarlo aunque sean unos cinco minutos y a toda potencia una vez al mes.

OTROS ELEMENTOS QUE NO DEBEMOS DESCUIDAR

Tanto si se trata de un salón como de una habitación, al margen de todo lo referido hay otros elementos comunes en estas dependencias que debemos limpiar con cierta frecuencia, como cortinas, marcos de cuadros, lámparas, persianas, etc. Veamos los mejores sistemas para hacerlo.

▸ Si nuestros hijos o incluso nosotros decoramos las paredes con pósters, lo ideal será mantenerlos siempre limpios y bien conservados. Para ello, nada mejor que tenerlos enmarcados, ya que será más fácil de limpiar el marco y el cristal que no un trozo de cartulina o papel por resistente que sea.

▸ Si tenemos cuadros, lo ideal para que no dejen marcas en las paredes es que el aire circule por su parte trasera. Para ello lo mejor es colocar cuatro topes adhesivos en las cuatro esquinas del cuadro, así quedará ligeramente separado de la pared.

▸ Las pantallas de las lámparas es mejor limpiarlas con un pincel o plumero para quitar el polvo. Si la pantalla es de seda, quitaremos el polvo cuidadosamente con la ayuda de un pincel suave y después aplicaremos un champú vaporizado que frotaremos con un cepillo.

▸ Si la pantalla es de pergamino, tendremos que lavarla con un paño mojado en gasolina. En caso de que la pantalla sea plisada, quitaremos el polvo con la ayuda de un pincel.

▸ En algunas casas las cortinas se sustituyen por persianas de láminas. Tanto si el material de que están hechas es plástico como metal, en primer lugar pasaremos un cepillo por cada una de las láminas y después aplicaremos un limpiador universal. Si la suciedad es muy notable, tendremos que descolgar la persiana e introducirla en la bañera, que habremos llenado de agua fría y lejía. Frotaremos con un cepillo cada lámina. Una vez lavada, debemos secarla bien antes de colgarla de nuevo.

▸ La mejor manera de limpiar los marcos que sean dorados es frotarlos con una solución de agua y alcohol a partes iguales.

▸ Las cortinas son otro elemento importante de la casa y lo ideal es lavarlas cada diez o quince días, siempre con detergentes suaves. Al descolgarlas debemos quitarles los ganchos tanto si son metálicos como de plástico, ya que así evitaremos que al girar en la lavadora puedan afectar a la prenda.

LAS HABITACIONES DORMITORIO

Todos los consejos de limpieza que hemos referido en este y otros capítulos servirán para mantener la higiene en los dormitorios, donde sí tenemos un protagonista especial: el armario. Mantener su orden nos ayudará a tenerlo siempre limpio y pulcro.

En primer lugar debemos tener muy claro que de cuando en cuando es preciso hacer limpieza del armario y eliminar aquellas cosas que ya no utilizamos. Lo mejor es hacer el siguiente cálculo: todo lo que hace un año que no hemos utilizado debe guardarse en un lugar al margen, a la espera de tirarlo definitivamente o donarlo a alguna fundación benéfica; todo lo que en un año y medio o dos no se ha usado, no debería estar en la casa, salvo que se trate de un recuerdo muy especial, en cuyo caso no debe robarnos espacio del armario y tendría que estar guardado en algún lugar destinado a tal fin.

Sacarle un buen partido al armario pasa por saber escogerlo adecuadamente. Debemos adquirir aquellos que poseen cajones, estanterías y por supuesto un buen espacio en el que colgar la ropa, un espacio que debe complementarse con estanterías superiores e inferiores, ya que dejar todo un cuerpo de armario sólo para colgar la ropa es una pérdida de espacio.

Distribuir un armario de forma conveniente nos ayudará a mantener el orden y la limpieza en estas partes de nuestro hogar. En la parte alta debemos colocar elementos ligeros y de poco uso. En la parte baja, donde es ideal tener varios recipientes con ruedas y cajones, debemos colocar lo que tengamos que usar más a menudo.

La ropa de la casa, como sábanas, mantelerías, toallas, etc., debería ocupar un lugar unificado y al margen de las prendas de uso personal. Si utilizamos perchas de un mismo color nos dará la sensación de tener un armario más ordenado y armónico. En caso de tener que usar fundas, no es recomendable usar las de la tintorería sino comprar especialmente unas fundas de cierre a las que, además, podremos añadir unas bolas de naftalina para su mejor conservación.

Bajo ningún concepto dejaremos los zapatos en el armario, pues el calzado debe tener un lugar especial para él, el zapatero, que deberá tener varias estanterías para que podamos clasificar mejor los diferentes tipos de calzados.

HABITACIONES DE TRABAJO Y SALAS DE LECTURA

Tanto si en el salón disponemos de una librería como si hemos determinado que la biblioteca debe estar albergada en una habitación especial o en una del tipo de despacho, los libros son un gran cúmulo de polvo y suciedad. De entrada, vaya por delante indicar que una librería que pretenda conformar una buena biblioteca siempre debe tener puertas, ya que preservarán mucho mejor la entrada del polvo en los libros. De la misma forma, es recomendable adquirir en una droguería pequeños sobrecitos de gel antihumedad que ayudarán a la mejor conservación de los volúmenes y obras. Otras recomendaciones a tener en cuenta son:

▸ En el caso de que la librería no posea puertas para proteger los libros, procederemos a su limpieza por lo menos cada treinta días. Lo ideal será extraer todos los libros, quitarles el polvo y hacer lo propio con las estanterías.

▸ Si queremos mantener los libros lejos de los insectos que puedan dañarlos, debemos tener en las estanterías un pequeño recipiente que contendrá un algodón impregnado de tetracloruro de carbono. Otro remedio será poner unas hojas de laurel distribuidas por las estanterías.

Al margen de una buena biblioteca, puede que en la sala de trabajo dispongamos también de un despacho o lugar informatizado. Nuestro ordenador también puede ser un cúmulo de polvo y suciedad. En este caso deberemos higienizar no sólo la pantalla (para limpiarla haremos lo mismo que con la de televisión), también debemos limpiar el teclado y el ratón.

Si queremos que las carcasas de todos los componentes informáticos estén siempre como nuevas, debemos limpiarlas con un paño ligeramente humedecido con lejía. El teclado podremos limpiarlo con un algodón mojado en alcohol. Pero no estará de más, especialmente si usamos más de tres horas seguidas el teclado, que al menos una vez a la semana le demos la vuelta y lo sacudamos ligeramente. Nos sorprenderá la cantidad de «residuos» que pueden albergarse entre las teclas.

Si observamos que el ratón falla o que no actúa con la precisión habitual, debemos revisar el compartimiento donde está la bola y observar en qué estado se encuentran los pequeños rodillos que la circundan. Seguramente estarán sucios y con polvo adherido a ellos. Esta suciedad podemos eliminarla con la ayuda de un palillo. Cuando hayamos quitado los restos más grandes, podremos eliminar los más pequeños con la ayuda de un bastoncito de algodón que humedeceremos en alcohol.

APRENDIENDO A COLOCAR LAS PRENDAS

Un armario debería ser algo más que un «almacén» de prendas de ropa o un lugar donde amontonar todo tipo de recuerdos. A veces no basta con un armario, siendo preciso adquirir tantas modalidades de estructuras como sean necesarias, como son armarios cajoneros con estanterías o exclusivamente diseñados para colgar la ropa. Como veremos seguidamente, la forma de distribuir las prendas resultará esencial para mantener un buen orden en el armario. Veamos cómo:

▸ Todas las camisas deberían ir colgadas en perchas, utilizando una percha por camisa. En caso de no disponer de perchas suficientes, guardaremos las camisas o blusas dobladas. Para ello abotonaremos la prenda y la extenderemos sobre una superficie plana. Doblaremos las extremidades hacia el centro y las mangas alineadas a la espalda para, finalmente, doblar la camisa en dos.

▸ Los pantalones también deberían estar colgados de la barra horizontal de una percha y doblados por la mitad. En dicha percha podemos aprovechar para colgar una camisa.

▸ Los jerséis no deben colgarse, ya que podrían deformarse. Lo mejor es guardarlos doblados, para lo que doblaremos uno de los lados y su manga hacia el interior de la prenda. Después doblaremos la manga sobre sí misma y acto seguido repetiremos la operación con la otra mitad de la prenda. Finalmente, doblaremos el jersey en dos.

▸ Las faldas deberían estar colgadas de una percha y los vestidos también, pero colgados del revés para que no queden arrugados.

▸ Si nuestro problema son las arañas, la mejor forma de ahuyentarlas de la casa y del jardín será situar en cada lugar un pequeño recipiente lleno de cloro. Eso sí, debemos alejarnos de la zona tratada porque puede resultarnos tóxico al inhalarlo.

▸ En caso de que el enemigo del hogar sean las cucarachas, la mejor forma de erradicarlas es preparar una bolita de yeso, harina, azúcar y bicarbonato.

▸ Si nuestra terraza o jardín está excesivamente llena de hormigas, debemos buscar el lugar donde está el hormiguero y taponarlo con pasta dentífrica. Otro remedio muy simple es dejar en los lugares por los que pasan bolsitas que contengan posos de café mezclados con espliego.

La mejor forma de cuidar el jardín es estar atento a los cambios estacionales. La gran mayoría de los insectos y plagas aparecerán al llegar la primavera o con los primeros brotes de calor. En este tiempo es cuando más atentos debemos estar a nuestras plantas. Llegada esta época, al margen de remover la tierra y aplicarle un abono para enriquecerla, debemos espolvorear insecticida especial para brotes, ya que son las partes más delicadas de las plantas y allí donde acostumbran a situarse los hongos y pulgones. Cuando el verano llegue a su fin, debemos remover de nuevo la tierra para eliminar de ella larvas e insectos. En los meses de otoño e invierno debemos podar sin temor todos los troncos y ramas que observemos contienen parásitos y larvas. Además, debemos limpiar el suelo de frutos, pues serán una invitación a la llegada de otros insectos.

▸ Si nuestras plantas tienen pulgones, debemos realizar un preparado consistente en agua de tabaco. Para ello introduciremos en agua cuatro o cinco cigarrillos sin filtro y lo llevaremos a ebullición.

Después, cuando el agua esté fría espolvorearemos con ella las plantas.

▸ Para eliminar las babosas o caracolillos de jardín debemos esparcir un poco de sal fina en los lugares afectados.

▸ Si lo que queremos es erradicar o alejar de nuestras relajantes terrazas y balcones a las siempre pesadas moscas, debemos verter un poco de vinagre en agua y llevarlo a ebullición. Mientras humee, no habrá moscas. Otro sistema es recurrir al siempre gratificante aroma de laurel: unas gotas de esencia o unas ramitas de este árbol colocadas estratégicamente nos garantizarán la ausencia de moscas.

▸ Para eliminar o alejar de nuestra vida a los diminutos vampiros que son los mosquitos, debemos echar unas gotas de esencia de clavo en un pañuelo que situaremos cerca de donde nos encontremos o en las proximidades de la almohada. Otro remedio muy práctico a la vez que ecológico es recurrir a las tomateras; por tanto, tener una maceta con tomates en el balcón o en las ventanas alejará los mosquitos de nuestra vida.

▸ Si nuestro jardín se ve invadido con la inoportuna visita de ratones o ratas, eliminaremos su presencia situando por los lugares de paso un poco de cayena. Otro remedio también ecológico es colocar allí por donde pasan unas tiras de cartón mojadas en esencia de menta que podemos lograr con una infusión.

CUIDANDO A NUESTRAS MASCOTAS

Perros, gatos, aves o incluso reptiles forman parte cada vez más de nuestra otra familia en el hogar. Para tratar a todos estos animales siempre es aconsejable seguir los consejos del veterinario. Pero al margen, especialmente en el caso de los perros y los gatos, puede que nos toque poner en práctica ciertas técnicas para que no ensucien la casa con sus clásicas bolas de pelo.

▸ Si nuestra mascota es muy peluda, debemos cepillarla cada día y acostumbrarle a ello desde que son cachorros, pues de lo contrario cuando sea mayor no se dejará.

▸ Si el perro o gato es de pelo largo y se le suelen hacer muchos nudos, no tendremos más remedio que cepillarlo con más frecuencia y aplicar en el cepillo, de cuando en cuando, unas gotas de suavizante.

▸ Uno de los mejores remedios para alejar de nuestro can las garrapatas es darle cada día, mezclado con su alimento habitual, una cucharadita de levadura de cerveza.

▸ Por lo que se refiere a las pulgas, si no queremos tenerlas cerca, debemos preparar una solución mezclando cáscaras de naranja, limón y pomelo. Lo batiremos todo y añadiremos agua a la pasta, luego la llevaremos a ebullición, la colaremos y la frotaremos sobre el animal.

▸ Si tenemos gato y deseamos que luzca un pelo precioso debemos darle, una vez por semana, una cucharada de hígado de bacalao o medio huevo crudo.

Los pájaros son esas otras criaturas que merecen una especial atención, ya que si bien, al igual que sucede con otros animales, se asearán por sí mismos, recordemos que al estar encerrados, su vivienda, la jaula en la que están, puede ser un foco continuo y peligroso de gérmenes.

La jaula del pájaro debe higienizarse cada día con agua y jabón, aclarando de inmediato. A algunos pájaros les gusta bañarse, ésta es una forma de refrescarse y de quitarse el polvo que acumulan sus plumas, para ello nada mejor que instalar en su jaula un pequeño recipiente-bañera lleno de agua tibia en el que pueda introducirse.

Otros de los animales que resulta relajante tener en casa son los peces. Un acuario con peces variados de numerosos colores nos recreará la vista y nos facilitará más de un momento de paz observando sus evoluciones dentro de la pecera. Ahora bien, un acuario, aunque es uno de los métodos más limpios de tener mascotas puesto que todo se circunscribe al interior de la pecera, también precisará de ciertos cuidados. Veamos los más importantes:

▶ Nunca utilizaremos jabón para limpiar las paredes de la pecera. Debemos consultar con detalle en nuestra tienda de mascotas sobre los productos más adecuados para cada tipo de acuario.

▶ Debemos limpiar a menudo el compresor de aire, cambiando con frecuencia el difusor de burbujas y revisando periódicamente el filtro.

▶ Si queremos evitar los hongos o las infecciones, cada mes podemos disolver en el agua una pizca de azul de metileno.

ANEXO

A MODO DE CONCLUSIÓN

Como vemos, la limpieza de la mayoría de los elementos, estancias y enseres del hogar no resulta tan complejo como puede parecer a simple vista. Prácticamente hay sistemas y métodos para triunfar en todos los campos, pero recordemos la máxima que exponíamos al inicio de esta obra: la limpieza requiere organización y fuerza de voluntad. Si no disponemos de estas dos claves, difícilmente, por mucho que lo pretendamos, lograremos triunfar contra la suciedad.

Nuestras abuelas decían que haciendo a fondo una habitación cada día, podríamos lograr que al final de la semana toda la casa estuviera perfectamente limpia y puesta en orden. No les faltaba razón. Los tiempos que vivimos parecen no dejarnos, valga la redundancia, tiempo para nada, pero esto no tiene por qué ser verdad. Trabajando un poco cada día, primero en no ensuciar y después en limpiar lo que podamos, pero siempre un solo lugar, cuando llegue el fin de semana no tendremos que castigarnos pensando en efectuar una limpieza a fondo y de carácter general.

Otro aspecto muy importante a resaltar es que, si bien hemos aportado consejos, trucos y métodos para agilizar y realizar mejor la limpieza, nos ha sido imposible centrarnos en todos y cada uno de los supuestos tipos de casa. Debe ser el lector quien, en función de sus propias necesidades, adecue los métodos expuestos y cree otros nuevos o siga aquellos que le den quienes le han suministrado sus productos. Es por ello que debemos romper una lanza a favor del «manual de instrucciones», presente prácticamente en la totalidad de elementos que podamos adquirir. Un manual que nos informará de las peculiaridades y métodos de cuidado y limpieza del mueble, tela, complemento o electrodoméstico que hemos comprado. Recordemos siempre que antes de efectuar según qué tipo de pruebas por cuenta propia en la limpieza de algunos elementos del hogar, el manual de instrucciones puede ser la auténtica salvación.

Un último pero importante consejo de limpieza: evitemos la soledad. Conviene recordar que limpiar a cuatro manos siempre es más agradable, efectivo y práctico que hacerlo a dos.